全国青少年校园美文精品集萃丛书·少年的你系列

少年的你
是驾驭时光的舵手

《中学生博览》杂志社 选编

时代文艺出版社

图书在版编目（CIP）数据

少年的你是驾驭时光的舵手 /《中学生博览》杂志社选编. — 长春：时代文艺出版社，2021.3
（青少年校园美文精品集萃丛书. 少年的你系列）

ISBN 978-7-5387-6584-7

Ⅰ. ①少… Ⅱ. ①中… Ⅲ. ①作文－中学－选集 Ⅳ. ①H194.5

中国版本图书馆CIP数据核字（2020）第267129号

出 品 人　陈　琛
产品总监　邓淑杰
责任编辑　刘瑀婷
装帧设计　孙　利
排版制作　隋淑凤

少年的你是驾驭时光的舵手

《中学生博览》杂志社　选编

出版发行 / 时代文艺出版社
地址 / 长春市福祉大路5788号　龙腾国际大厦A座15层　邮编 / 130118
总编办 / 0431-81629751　发行部 / 0431-81629755　北京开发部 / 010-63108163
官方微博 / weibo.com / tlapress　天猫旗舰店 / sdwycbsgf.tmall.com
印刷 / 三河市嵩川印刷有限公司
开本 / 880mm×1230mm　1 / 32　字数 / 135千字　印张 / 7
版次 / 2021年3月第1版　印次 / 2021年3月第1次印刷　定价 / 36.00元

编 委 会

Contents

目 录

时光过后，再无悲伤

时光过后，再无悲伤

骆　可

1

如果说闺密只能用来形容女生朋友的话，那你就大错特错了！我和顾小新就是闺了很多年的蜜。

我两岁牙还没长齐时就认识他，别说他暗恋过多少姑娘，被老师请过多少回家长，就连身上有多少根汗毛我都比他妈更清楚！当然，他也比大部分同性朋友更加贴心。

比如，我十三岁那一年。

大年初一时，我躲在被窝里死活不肯起来，我妈连鸡毛掸子都用上了。僵持中，顾小新像天神一样出现了。

他站在隆冬的逆光里，下巴上有一圈小小的绒毛，斯文阳光得恨不得所有家长领出去炫耀说："这就是我儿子！"

等我妈一出门，我所有伪装起来的强硬一下子就垮了。我把被蒙在头上，像所有偶像剧里悲情女主角一样，开始往外面挤眼泪："你说我会不会死啊？"

虽然顾小新没有像所有王子一样，将我温柔地搂在怀里，说："傻瓜，你怎么会死呢？"但他至少也没有向全世界宣布"宋喜因为来了大姨妈，大年初一躲在被窝里问自己会不会死这种愚蠢问题"。

他临走前，告诉我那个从未给我讲过生理知识的妈说："阿姨，你该给宋喜买文胸了！"

那一刻，我有种泪流满面的冲动。

就像现在，我又有种泪流满面的冲动。

他于航凭什么对我指手画脚，又哪只眼睛看到我没将校庆演讲稿的页边距设成三十毫米！

可谁让他是金融系学生会的副主席，而我只是他手下的一名小干事。

于航黑着脸："你是第一天来学生会吗？需要我手把手教你吗！"

"不……不劳您大驾了。"我下意识地把手往后缩了缩。

于航的脸明显扭了下，像他这种帅得能拿脸去商场刷卡的人，怎么可以容忍一个既不倾国又不倾城的女生的防范。

等到我意识到这个错误时，已经晚了。

"校庆马上开始了，既然入学生会时都宣过誓，说要发挥自己的每一寸光和热——"于航板着张僵尸脸，看向我，"那就由你负责与外语系的外联工作！"

外语系——所有系里最难缠的一个系，所有人都不愿意去联络的一个系……

凭什么！

老子不干啦！

老子揭竿起义啦！

后来，我发现妄想是最没用的一种方式。为了在挂科时老师能念在"学生会"三个字的情分上高抬贵手，我忍。

和顾小新说起这些时，他明显心不在焉。

"你刚才说于航怎么你了？"

"什么叫怎么我了！"我气呼呼地瞪他，"要是他真怎么我了，我还不把他给——"

凌迟、车裂、腰斩、剥皮……

我正琢磨要怎么过过嘴瘾，顾小新突然一个晴天霹雳，说他喜欢上一个叫沈鱼的女孩儿，想让我帮他在她生日时送一份惊喜。

我呆若木鸡地看着他，像踩在"出入平安"的地毯上，一下摔了一跤。

为什么我和他认识了十几年，他喜欢的人不是我！

为什么他事先连个心理准备都不给，就直接将我判了死刑！

为什么，我连表白的机会都没有了。

2

我各种扯皮耍赖不想去外语系时，于航突然云淡风轻地问了一句："你还记得来学生会的初衷吗？"

"初中？呃……"我有点儿摸不着头脑，"三十七中。"

"三十七中？哈哈……哈哈哈……"刹那，响起震耳的笑声，生活部部长笑到差点儿钻到桌子底下。

我从那一刻决定答应顾小新的请求，前提是他先帮我一个忙。

看着于航由白转黑，又由黑转白的脸，我身上的每一处毛孔都迸发出欢快的声音。

人来人往的校门口，于航刚一出现，一直躲在暗处的顾小新就冲了出来。

红帽、蓝衣、明黄色的裤子，配上顾小新那自嗓子眼儿里硬挤出来的声音，你不把他当成那什么都不行。

当帅得一塌糊涂人神共愤的于航出现后，顾小新死死地吊在了他身上。

"Darling，你这几天去哪儿了？害得人家好想你！你干吗不理人家啦！你不要走不要走呀——"

我从来不知道于航也有怕的时候，也会落荒而逃！

那一刻，我好想身披五星红旗绕场三周，唱"解放区的天是晴朗的天"……

"怎么样，我没辱使命吧？"顾小新在电话那头笑得止不住。

"就差没为国争光了！"我这个人平常没什么毛病，一兴奋就爱拍东西。正拍得起劲儿，突然发现刚才拍的东西怎么像人的身体？

彼时，于航那两只像星星般闪烁的眼睛里装满了炸药，只要我一动，就会立即粉身碎骨。

他死死盯着我，然后越靠越近……

我吓得一步步后退，直到无路可退。在他扬起手的瞬间，紧紧地闭上了眼睛。

一秒、两秒、三秒……等我紧弓着身子，偷偷睁开一只眼睛的小缝，就看到于航近在咫尺的帅脸。

我吓得一哆嗦，两只眼睛瞪得有灯泡大。

"你瞪那么大眼睛干什么？见到鬼了！"

"我、我以为你刚才要打我。"毕竟我干了一件杀伤力巨大的事。

"宋喜。"于航叫我。

"嗯？"

"如果你想占我便宜的话，也用不着找个男人来。"于航挑眉说道。紧接着有一群乌鸦从我脑海里飞过，留下一串黑线……

占他便宜？

刚才光顾着害怕了，没发现他将两只胳膊抵在墙壁上，将我整个人圈在怀里，只要一低头……

我的脸开始没来由地红起来。

"难道你妈没教过你这个时候，要闭上眼睛吗？"于航突然抽开身子戏谑地看着我。

"那个，你、我……"天呐！我好想找个地缝儿钻进去。我就应该冲上去说"你亲啊亲啊，你要是不敢亲就是认怂"。他明明就不会真的亲嘛！

现在说这些有什么用，我一把推开他落荒而逃时，他一定在后面笑到爹妈不认。

神呐！请给我力量，让我用意念杀死他吧！

3

当顾小新把黑了吧唧的东西往我身上套，将我扮成一只熊作为惊喜送给沈鱼时，我的心突然就裂开一道很大的口子。

"顾小新，我快不行了。"

"你再坚持坚持！"

"我真不行了。"知了在树上拼命地叫，我罩在黑暗里像条濒临死亡的鱼，感觉整个世界都混沌起来。

后来，我是怎么中暑到差点儿晕倒，又是怎么回到宿舍已经根本不记得了，我只知道当我六神归位后，顾小新那个混蛋已经和沈鱼成了一对"好丽友"。

事后，为了表示他的歉意，顾小新带我去吃哈根达斯。

坐在哈根达斯的软椅上，翻着那高得离谱的价格表时，我的脑海里始终重复着一句广告语："爱她，就带她去吃哈根达斯。"

当顾小新和沈鱼四目相对已经进入无人境界时，我拼命按住那颗因嫉妒而要跳出胸腔的心脏，指着最贵的一款冰淇淋对服务生说："我要这个！"

顾小新终于肯挪开黏在沈鱼脸上的目光，露出痛彻心扉的表情，"你上辈子在屠宰场呆过吧？下手这么狠！"

我不理他，嘿嘿假笑两声，一面大口吃着冰淇淋，一面一个人无聊地看着窗外的风景，然后就在里面吃出了苦涩的味道。

回去的路上，沈鱼和顾小新并肩走在前面。有好几次，顾小新都看似无意地晃荡着手，想假装不经意地碰到沈鱼。而沈鱼看着顾小新的目光绵软悠长，像浸过水的柳条，抽得我心里一下下疼。

我在后面踩着他们的影子，在他马上碰到沈鱼手的瞬间，故意大咳一声，吓得顾小新收回手回头朝我挥拳头。

我朝他吐舌头，唱："牵手牵手，烦人的步骤先跳过。牵手牵手，我随时随地有空……"

顾小新尴尬地挠头："沈鱼，你别听她的！"

沈鱼笑，手一探，轻握住顾小新的右手，说："我突然觉得好冷。"

那个夕阳似血，青山被染红的傍晚，顾小新和沈鱼交叠在一起的两只手，就再也没有分开过。

顾小新找我去挑礼物时，我刚被于航挂了电话。

他在电话那头很没风度地冷嘲热讽："怎么，失恋就是你拿不下外语系的借口？"

我在电话里"我、我、我"了好几声，一口恶气憋在胸口还没发出来，对方"啪"一声挂了电话。

一脸喜气的顾小新拉着像刚要结婚结果发现和新郎是表兄妹的我，冲进了我一直都想去打劫一空却永远望洋兴叹的太平洋百货。

拉着我楼上楼下跑了N趟后，顾小新终于注意到我那张已经黑成一块炭的脸。

"你来'大姨妈'了？脸色这么差？"

我甩开他探在半空中的手，吼道："你才来'大姨妈'，你全家都来'大姨妈'！"

顾小新在原地愣了两秒钟后，小声说道："我不和你借钱。"

在赔笑脸承诺帮我抄一个月笔记外加打一星期开水的前提下，我挑了一款自己喜欢的连衣裙，作为他和沈鱼认识一星期的礼物。

沈鱼站在女生宿舍楼下，看看顾小新再看看我："礼物是宋喜帮挑的？"

顾小新诚惶诚恐地傻笑："要是你不喜欢，我再买其他的送你。"

"再买？那可是你省了一个月口粮外加多打了两份零工才买回来的！"我条件反射般嚷道。

"我很喜欢。"沈鱼眼波流转间，娇笑地接过礼物。

于是，以后的很多天清晨，沈鱼都穿着我最爱的连衣裙穿梭在校园里，旁边是整张脸上都写着幸福两个字的顾小新。

4

第一次在于航面前哭，不是因为终于成功拿下外语系，而是无意发现顾小新写给沈鱼的纸条。

"最是那一低头的温柔，像一朵水莲花不胜凉风的娇羞。"

我认真地哭了半个小时后，才发现站在身后的于航。

黑漆漆的礼堂里，他一动不动地看着我，仿佛我是从外星球来的怪物。大概他以为我会讲什么"两国开战，不杀来使"这样的鬼话，而不是"为什么徐志摩喜欢的是林徽因，而不是张幼仪"。

其实我想说的是：我不是林徽因也就罢了，为什么还要去做别人伟大爱情的见证者！

于航走近，蹙眉看了我两秒后，冷脸说："你踩到我要用的幕布了。"

"于航！"我瞬间止住了哭，"你到底有没有同情心？到底知不知道一个男生在女生伤心难过时应该做什么？！"

"是这样吗？"于航一把将我扯进怀里时，我脑袋瞬间空白得像刚刷过立邦漆的墙壁。

"你哭的样子好丑。"为什么他永远都不能说一句我爱听的话呢。

于是，我脑子一抽，问："你不是喜欢我吧？"

我以为他会一把推开我，说"小姐你有妄想症吧"。结果于航把嘴巴探到我耳边，轻声说："如果我说是呢？"

每当想起我惊恐地挣脱他往礼堂外跑，结果跑错方向把自己撞到柱子，于航在后面喊"门在那边"时，我就有种无脸见人的感觉。

我开始躲着于航，可有一个词叫避无可避。

去食堂、去图书馆、去网球场……连去个小超市都能遇到他！

我刚想拿饮料，一抬头看到眼神里全是"你不是故意跟踪我吧"的于航。我胡乱拿了瓶可口就往外跑，收银员在后面喊："你还没给钱！"

呃，好窘。

更窘的是，我想避开拉着手走近的顾小新和沈鱼，回头往超市里跑时，一头撞在于航怀里。

眼泪刷一下就下来了。

不是被撞疼的，而是听到顾小新在身后喊："宋喜，你过敏怎么还喝可乐！"

他还记得，还记得我不能喝可乐，那他还记不记得我六岁时说长大了要嫁他这件事情？

时光真是个残忍的东西。

它磨平了一切，磨平了欢喜，磨平了悲伤，也磨平了我和顾小新的过往。

我抹了抹眼泪，不想被他发现，准备低头灰溜溜地跑掉，结果被于航一把拉住："是他？"

"不想被看穿，就好好配合！"于是，我死命扣住手心，任由于航把我搂到差点儿全身骨折。

我就奇了怪了，他顾小新有什么好火大的？只准你州官在那儿放火，我这个百姓点下灯会死吗！

看到于航，顾小新丢下沈鱼，蹭蹭蹭窜到我身边："你难道忘了他当初怎么欺负你的了？你怎么会和这种人在一起……"

等到顾小新终于闭了嘴，于航声音冷得像冰块："你就是上次在校门口那个人吧！"

我在身后拼命摆手，顾小新大无畏地点头："是我怎么了！别说黑你了，就是比这个更恶心的事情我也干得出来！"

于航逼近顾小新，将两条眉毛紧紧拧到一起。顾小新也剑拔弩张，瞪得眼珠子差点儿飞出来。

我闭上眼睛，心想要不要美救英雄。可于航的一句话让顾小新扑哧一声乐了。

他说："顾小新，你是喜欢宋喜吧！"

我的那个天啊！他就是这样帮我，这样不让我被看穿的吗？我想上前阻止已经来不及了。

"我？喜欢她？"顾小新指着我的鼻子，仿佛我是猪八戒他二姨。

"难道不是吗？"于航不屑一顾地问道。

"那你怎么不说你自己喜欢她呢！"

吼完，顾小新捂住嘴，被自己的想法给震慑住了，大概他从来没想过有一天会有其他男生喜欢我。

当然，这个人绝对不会是于航。

我像个傻子似的站在那儿傻笑："呵呵，我不会当真，不会当真的。"

于航再一次搂紧我："对啊，我就是喜欢她，怎么了？"

5

打水，买饭，占座位……于航开始做着男朋友该做的一切。

我很内疚地看着他："顾小新说的都是气话，你真的用不着……"

于航冷脸，我识趣地把后面的话憋回去。

"你是想说用不着委屈自己是吧！知道就好！"

我在背后噘嘴，知道他的潜台词是：你不要自作多情了！

是啊，我又怎么会自作多情呢。

因为在我看来，怎么看这都不像是一场爱的盛宴，而像是两个小孩子赌气演的一出闹剧。

这边于航刚帮我提了壶开水，那边顾小新就赶紧蹲下给沈鱼系松开的鞋带；于航帮我吹了吹迷了沙子的眼，顾小新立即雨中脱下身上的衣服撑在沈鱼头上；我在球场这边看于航打球，顾小新就开始给沈鱼画起素描……

我小心翼翼地看正在帮我抄笔记的于航，吞吞吐吐起来："您的大恩大德我没齿难忘，可您再这样演下去，我可真要误会了。"

于航埋头不理我："那你就误会好了。"

"我是……是……"我一咬牙，不怕死地说道，"我是怕顾小新误会！"

我永远都忘不掉于航最后看我那一眼时的神情，那里面有惊诧，有意外，有不可置信，我甚至还看到了一丝忧伤。

我摇摇头，怎么会呢。

于是，我心安理得地接受了他消失这一事实。

听说他辞去了学生会副主席的职务，提前两个月去了南方实习。大四了嘛，提前实习也很正常。

只是没想到顾小新失恋了。

他喝得酩酊大醉。

他问："宋喜，为什么沈鱼她要分手？为什么我对她那么好她竟然说我不爱她？我带她去发现王国，去海豚馆，去王子公园……"

我说："顾小新，你喝醉了。"他推开我："我没醉！连她说最喜欢北极星我都记得，记得……"

我愣在那里，难道沈鱼和我一样也喜欢北极星吗？喜欢那颗永远最亮，永远固定不变的星星？

那天晚上，顾小新说了很多很多，说起我们小时候的种种，说起他有时候看着我会有在一起已经生活了一辈子的感觉，最后他说："沈鱼说我喜欢的人，其实是你。"

其实是我……

我是不是该泪流满面，连沈鱼都发现他买的连衣裙的尺码其实是我的，他带她去的那些地方她一个都不喜欢去，他发现我和于航在一起时眼神里全是忌妒！

而喜欢北极星的人，是我。

至少我应该表现得雀跃一点儿，而不是像现在这样，将顾小新一个人丢在小饭馆里，自己游荡在空无一人的大街上。

我到底是怎么了？

6

终于和顾小新在一起了，却没有我想象中的快乐。

我们肩并着肩走在老铁轨上，我们爬到屋顶上听风吹过，我们双手枕在头顶躺在草丛中看白云朵朵。

这是我曾经幻想了一千次一万次的场景。我们仿佛又回到了小时候，回到了两小无猜的年纪。可是，为什么我的心却再也回不去了呢。

我告诉自己，这都是因为太怕失去。

顾小新带我去看电影。

黑暗里，他用力地攥紧我的手，我却整个胸口突然锥痛起来，像有块大的石头轰然压在上面。

我挣脱开顾小新的手，从人群中跌跌撞撞地出来。

前一秒，我收到于航的短信。

他说："你们老师没教过你，朋友走时要假装挽留一下吗？"

假装挽留？还真是稀奇！如果是以前，我一定会问他我可以假装不认识你吗？

可这一次我没有笑，却有眼泪落下来。

其实心事是很难隐藏的，你用嘴巴捂住它，它就会从眼睛里冒出来。

很多很多次，我都告诉自己，我喜欢的人是顾小新，是那个陪伴了我整个青春时光的顾小新。我为他哭过为他笑过，我又怎么会喜欢上其他人？

可是于航怎么办，收到这条短信后，我再也骗不了自己的心。

每当我和顾小新走在一起，就会想起和于航坐电梯时，电梯超重，你很没风度地让我下去，说跳几跳再上来就好了。

顾小新给我讲笑话时，我会想起在我拿下外语系乐得四脚朝天时，于航很轻蔑地问我为什么要放弃治疗。

我很努力地想和顾小新在一起，可又总是忘不了在我哭泣时，于航冷眼看我说我哭得像个傻瓜时的样子。

他走以后，我不敢去学生会，不敢去礼堂，甚至不敢去学校门口的小超市。哪怕一个和他相似的背影，也会让我心跳如鼓。

如果爱情是让人欣喜、让人悲伤、让人难忘的情绪，我不知道我对他的这些，又算不算欢喜。

只是这一切，于航都不会再知道了。

夜色里，我揉揉有些酸的鼻子，将短信慢慢删掉往回走。可为什么眼前会出现一张和他长得那么像的脸呢？

"没收到短信么？"连声音都那么像，永远都像刚吃了冰块似的。

我迷迷糊糊继续往前走。

"喂！我说！那个……"

"哪个？"我还在想为什么这个世界上会有那么多人撞脸。如果整得像明星也就罢了，干吗要长得像他！！

"你走开啦！"我不知道哪来的力气想挣脱，结果被对方死死地扣住。

"收到短信为什么不回？你是打算回去找顾小新吗？"某人恶狠狠地问。

我木然地点头。

某人松开我，开始原地暴走，"我为了见你坐了一夜的火车，你还要回去找他？！"

可这和我有什么关系？

当我大脑终于恢复正常，接受眼前这个人就是于航的事实后，战战兢兢地问："难道你这是在表白吗？"

"我、我哪有！"他开始调头往回走。

我"哎哟"一声，让于航又飞快折了回来。

那个星光满天的晚上，我趴在他的肩膀上，哼起了小曲。

"宋喜，你是故意的吧！"于航托着我的双手突然一顿。

我以为他知道我假装崴脚后会暴躁如雷，会把我直接扔在大街上，结果他轻声说道："谢谢你，谢谢你让这一切都来得及。"

我偷不走你的世界

米图塔塔

1

如果可以重来一次，陆合川想不出来应该怎样跟沈冉冉相遇。或许是在校园的林荫路上，微风穿过树梢，拂过沈冉冉的发梢；或许是在教室的走廊里，阳光明媚地透过玻璃窗，看得见沈冉冉灿烂的笑脸，那样可真好。

十八岁的沈冉冉黑发披肩，梳着乖巧的直刘海。上课的时候，沈冉冉常常会想大洋彼岸的杜成现在在干吗。

十八岁的陆合川高高瘦瘦，总是无精打采的样子，坐在教室的角落里，没有人会多注意他。陆合川很喜欢咬着铅笔发呆，但他只是在考虑今天晚上吃什么。

常常的，沈冉冉坐在三年八班发呆的时候和正在隔壁三年七班发呆的陆合川都看着同一棵梧桐树。

如果生活像电影一样，可以让你用长短镜头，回放插叙俯视另一个人的生活，你就会相信，世界上有着这样的一种缘分，你们明明素不相识，但对方却熟悉得像是世界上另一个自己，你们的生活一再重叠，却好像永远没有下文。

2

陆合川有一所老房子，还有一只皮毛发亮的黑猫，叫警长，陆合川从来不喂它，但它依然腰圆肚肥，皮毛油亮。警长常年在外游荡，或许这所房子在它的眼里，只是众多落脚地方其中的一个，偶尔陆合川夜里醒来，会看见它静默地立在窗台上，像是一个黑色的影子。这只不负责任的黑猫，常常在夜里把陆合川吓出一身冷汗，但即使这样陆合川也不会想把门上的猫洞封上。

夜里的陆合川灵活得也像一只猫，他可以熟练地在半夜翻过学校的围墙，悄悄打开窗户，溜进教学楼，在各个教室里寻找被粗心学生落下的钱包。陆合川在很多地方偷过东西，发觉还是学校最保险，只有一个总是打瞌睡的看门大爷，况且学生丢了几百块也不会报警。

陆合川记得自己第一次回学校偷东西的时候，心里害怕得要死，一扇扇窗户像一个个黑洞洞的大嘴，仿佛下一秒自己就会被吞噬掉，陆合川只找到一个钱包就急忙离开了，钱包里只有二十块，陆合川去面馆点了一碗牛肉面，吃着吃着就哭了，看得老板莫名其妙。

而现在，陆合川再也不会被窗户吓到，甚至可以一边翻着窗一边哼着乱七八糟的歌曲。有时候，陆合川觉得自己和警长一样，其实都是一样的无家可归。

可能是过早体会到了生活的艰辛，陆合川总是满腹心事的模样，漠然地对待身边的一切。学校的同学都觉得陆合川格格不入，你跟他说话得到的永远都是陆合川茫然的表情外加"好吧""随便""无所谓"这样的回答。

林悄悄说："陆合川，你的反射弧连起来能绕地球两圈了。"林悄悄是班级里唯一喜欢和陆合川说话的人。陆合川依然没有反应，望着窗外。

林悄悄用手在陆合川面前晃来晃去，问："陆合川，你能不能告诉我，你一天天到底在看什么啊？"

"未来。"陆合川回过头来，故作神秘地说。

林悄悄大悦，一脸膜拜地说："陆合川，你果然跟我想象的一样高深莫测。"

陆合川也笑了说："林悄悄，你果然和我想象的一样白痴。"

"切。"林悄悄撇撇嘴，把饭盒放在陆合川桌子上说："我妈又给我带了我不喜欢的午饭，你替我消灭了吧。"林悄悄挑食的毛病很严重，总是让陆合川帮他消灭午饭。

对于林悄悄，在陆合川看来不过是总嫌生活太无聊的无聊女生，来自富裕美满的家庭，天真得让人有些讨厌，偏偏却有很多人觉得林悄悄很可爱，陆合川在心里感叹：明明很白痴，到底哪里可爱？

那天，陆合川依然在窗边发呆，旁边的林悄悄聒噪得像只小麻雀，叽叽喳喳地说个没完："听说昨天又有人丢钱包了，你说会不会是学生干的啊？这样也太……"

"那是什么？"陆合川破天荒地打断了林悄悄的话，指着楼下的告示板上，还有旁边的围墙。

林悄悄立马转移了注意力："对哦，谁这么大胆，在学校贴这么多小广告？"不知道是谁，在学校的告示板、围墙上贴满了密密麻麻的小广告。

"我去看看。"林悄悄说完就一阵风似的跑不见了。陆合川无奈地叹了口气，这个林悄悄。

不一会儿，林悄悄就抓着一张小广告回来了，不满地嘟着嘴："什么嘛，就是个寻物启事。贴这么多，到底是有多重要啊？"

陆合川看着这张纸，表情和心情都沉重了起来。

寻物启事上面写着："本人昨日把钱包落在学校遗失，钱无所谓，但是钱包里的照片真的真的很重要，求求你还给我，万分的感谢。——三年八班 沈冉冉"

沈冉冉大张旗鼓地找钱包想不惊动学校都难，结果就是教导处主任亲自押解着沈冉冉去铲小广告，烈日下，沈冉冉穿着校服裙子一点点铲掉墙上的寻物启事，留给陆合川一个模糊的背影，这是陆合川心中沈冉冉最初的样子，瘦小却又倔强，模糊却又很清晰。

3

陆合川坐在地上看着手里的照片，周围散落着花花绿绿的钱包。

应该是这个吧，照片上是沈冉冉和一个男生的合照，男生的眉眼很好看，手放在沈冉冉的头上，一脸宠溺的样子，沈冉冉在一旁笑得很羞涩，这个男孩子应该对沈冉冉很重要吧，所以她才会这么急于找回这张照片。

警长突然的叫声打断了陆合川的思考，失踪多日的警长正在不情愿地用爪子抓着脖子，一脸烦躁，陆合川仔细一看，不知道是谁在警长脖子上系了一个粉色的铃铛，陆合川把警长抱起来，闻到了草莓的香波味。

"天哪，警长，你是去了女生宿舍吗？"陆合川笑着解开警长脖子上的铃铛，警长立马恢复了精神，欢乐地跑不见了。

还真是忘恩负义的破猫。

不过，要不要把照片还回去呢？陆合川看着照片上沈冉冉的笑脸，感觉好像触碰到了心里某个柔软的地方。

那就过几天再还好了。陆合川这样决定了。

4

很久了，陆合川已经很久没有这样关注一个人，沈冉冉身上仿佛有一种魔力，总是想让陆合川一探究竟。

"陆合川，陆合川，我们学校，招保安了！"林悄悄不知道从哪里风风火火跑了过来，气喘吁吁。

"哦。"陆合川依旧冷淡地回应着，"对了，你知道沈冉冉吗？"陆合川装作不经意地向林悄悄打听。

"沈冉冉啊，隔壁班的，模样还不错，性格很孤僻，都没有朋友的。"林悄悄顿了一下，反问道："你问这个做什么？很反常啊。"陆合川可是从来没有打听过别人的事情。

"就是问问，最近很有名的啊。"说完，陆合川急忙扭头看向窗外。

"是啊，为了一张照片闹得天翻地覆，真是奇怪的家伙，竟然把寻物启事写在了校服上，主任也拿她没办法，找她家长也没用的，她爸妈都不在家，家里就只有一个什么都不懂的保姆……"

上课铃响了，林悄悄匆匆结束了谈话，回到了座位上。

但是她的话却像打碎的玻璃，散落在陆合川的脑海里，挥之不去地刺痛他，原来，有人或许像他一样，像他一样的孤独。

放了学，陆合川鬼使神差地跟在了沈冉冉的身后，等他察觉出自己在做什么的时候，已经跟着沈冉冉走出两条街了。

沈冉冉走路漫不经心，没有目的地，她去了小广场上喂鸽子，又绕到河道边发了好长一会儿呆，接着去了一个小公园里荡秋千，陆合川在不远处看着沈冉冉一个人坐在秋千上，少女飞舞的长发，飘扬的裙角，还有她落寞的背影，让陆合川感到着迷。

路灯亮起来的瞬间，所有的事物看上去都变得温暖，陆合川看见被温暖光芒包裹着的沈冉冉从秋千上下来，慢慢消失在旁边的高级住宅小区里。

陆合川仰起头，看着那些高得让人头晕的大楼，看着那些窗户里透出来的一盏又一盏的灯光，那里，总会有一盏是沈冉冉的吧。

曾经，陆合川什么都没有，只有大把大把的时间花不完，现在，因为一个人，陆合川终于觉得时间可以过得很快。

有了心事的陆合川变得更加沉默寡言，他大部分时间都用来观察沈冉冉，但是陆合川却并不想让沈冉冉知道有他这样一个人存在，他只是喜欢远远地看着沈冉冉的一举一动，一颦一笑。

就好像，看到了世界上另一个自己。

5

陆合川不愿意谈起自己的家庭，但也确实没什么可以谈的。从未谋面的父母，未婚先孕后就将他抛弃在外婆家里，再也没回来过，外婆在的时候，靠着她的退休金两个人勉强维持生计，外婆过世后，陆合川就很少吃饱了。

"林悄悄，你改改挑食的毛病吧，瘦成什么样子了。"陆合川一边吃着林悄悄的午餐，一边说。

林悄悄吃着薯片说："我有零食啊。"突然，林悄悄停住了，一脸惊讶地看着陆合川："陆合川，你这是在关心我吗？"

陆合川笑了一下，不予置评。林悄悄把脸凑过来，坏笑着说："陆合川，我就知道你喜欢我。"说完，林悄悄就笑着跑开了。

陆合川顿时觉得一块瘦肉噎住了他，坐在那里咳了半天。

其实不论是林悄悄这样天真任性的女生，还是沈冉冉那样孤僻倔强的女生，陆合川都不想打扰她们，他希望自己淡得就像一阵风，一束光，在她们的生活里稍纵即逝，这样就足够了。

晚上，陆合川睡不着的时候，就会去沈冉冉家的楼下转转，会在心里猜自己离沈冉冉有多远，一千米，五百米，还是一百米？

忘记了是哪一天，陆合川又不知不觉就来到了沈冉冉家的附近，温暖的路灯照在他身上，就好像外婆温暖的怀抱，让陆合川的心情变得很美好，他抬起头，对着路灯眯起眼睛，就像一只猫咪。少女的身影闯进他的眼睛，陆合川睁大眼睛仔细看，果然是沈冉冉，这么晚她要去哪里？

陆合川带着疑惑和担心急忙跟在沈冉冉的身后，结果发现沈冉冉径直去了学校。

陆合川感觉有一只手慢慢攥住了自己的心脏，周围的空气变得稀薄起来，他心里清楚，沈冉冉是想来学校抓出偷她东西的小偷。

这个时候，他本可以喊住沈冉冉，向她道歉，然后把照片还给她，照片一直就在他的上衣口袋里，他一抬手就拿得到。

可是，这样沈冉冉就会知道他是一个小偷，一个肮脏的、见不得光的小偷，一个他刻意去遗忘的身份。

于是陆合川整个人都仿佛变成了一棵树，沉默地静止着。

沈冉冉翻上围墙的时候，陆合川本可以喊住她，但是陆合川只是看着她的身影消失在围墙后面。

陆合川又一次感到黑夜可怕，那种恐怖的吞噬感再次袭来，一点一点蚕食他的灵魂。

或许是五分钟，又好像五个小时那么久，又或许只是五秒钟，陆合川像突然想到了什么，飞快地追了过去。

6

陆合川住院后，林悄悄是唯一一个来看她的人。

林悄悄哭起来也是小孩子的样子，咧着嘴，说不完整一句话。

倒是陆合川这个病号一直笑着劝："林悄悄你别哭了，你知不知道你哭起来有多丑，一点儿都不可爱了。"

"陆合川，你知不知道，我喜欢你啊！陆合川，我喜欢你！"林悄悄带着哭腔喊出这句话，此时此景，陆合川突然感觉很心酸，自己哪里值得别人去喜欢，门口的警察开门把头探进来，林悄悄和陆合川都不再作声。

陆合川别过头去不敢去看林悄悄，过了一会儿，陆合川低声说："林悄悄，以后永远，不要来看我了，这些日子里，谢谢你。"

林悄悄没说话，小声抽泣着。

陆合川从枕头下面拿出一张照片说："最后麻烦你，把这张照片还给沈冉冉。"

林悄悄愣了一下，还是接过照片，走之前，林悄悄说："陆合川，你是世界上最大的傻瓜。"

陆合川躺在病床上看着泛潮的天花板，心想自己真的是傻瓜吗?

　　或许是吧,当保安发现了沈冉冉的时候,陆合川什么都没想就冲上去拖住了保安,保安的拳脚狠狠地落在了陆合川的身上,陆合川一点儿没觉得疼,他只是在想幸好是打在自己的身上,他只是希望沈冉冉可以远远地跑开,不要回头。

　　陆合川被打断了两根肋骨,警察问他是不是有同伙,陆合川无力笑了笑:"你可以去查,我一个朋友都没有。"

　　陆合川交代了一切,连小时候偷糖果的事情都没落下。

　　其实,陆合川并不是想着坦白从宽,只是想或许等自己赎完所有罪,就能有足够的勇气,开始新的生活。

7

　　林悄悄知道陆合川一定不记得她了。

　　就在那条林荫道上,陆合川突然从背后冒出来一本正经地说:"谁说的,我就是她的好朋友。"

　　真像是昨天的事。

　　林悄悄是长在糖罐里的小公主,所有人都爱她,她可爱又有点儿蛮横,很多男孩子喜欢她,林悄悄觉得这是理所当然的事情。

　　林悄悄曾经有很多朋友，她们羡慕于林悄悄的高人气和昂贵的衣衫，表面上对林悄悄的任性给予最大限度的宽容，背地里却讨论着林悄悄有多讨厌。粗心大意的林悄悄却从来没发现朋友们的表里不一。

　　直到朋友暗恋的学长给林悄悄写了情书，林悄悄笑着念给大家听，却忽视了朋友僵硬的笑脸。

　　不满的情绪像滚雪球一样越来越大，几个女生开始谋划，她们要让骄傲的林悄悄知道自己有多讨厌，她的自信完全是空穴来风。

　　暴风雨来临前确实是平静的，朋友们在KTV包了房间给林悄悄庆生，林悄悄穿着最漂亮的衣服，带着满心的期待推开门，房间里一个人都没有，只有一个被砸烂的蛋糕，旁边的字条上写着：林悄悄你和这蛋糕一样恶心。

　　恶心，恶心，这两个字充斥着林悄悄的脑海，林悄悄完全傻掉了，在那里呆坐了一个下午。

　　第二天，林悄悄在林荫路上拦住曾经所谓的朋友们："为什么？到底为什么这么对我？"

　　女生们笑着说："林悄悄，你这种人根本不会有朋友。"

　　林悄悄从来就不是什么坚强的女生，鼻子一酸，就哭了出来，就在这时，陆合川突然从背后冒出来，一本正经地说："谁说的，我就是她的好朋友。"

　　女生们愤愤地离开了，陆合川用校服袖子给林悄悄抹了抹脸，一脸嫌弃地说："别哭了，丑得我都不想和你做朋友了。"

林悄悄忍不住笑了，陆合川也笑了，陆合川笑起来眼睛弯弯的，像一只猫咪。

林悄悄永远相信这个温暖的，笑起来像猫咪的陆合川，才是最最真实的他。

8

林悄悄天天等在那条林荫路上，却再也没见到过陆合川，她甚至猜想陆合川会不会是偶尔路过的天使？

所以当林悄悄在高中新生欢迎会上发现陆合川的时候，简直欣喜若狂。

林悄悄回家挑了一顿班主任的毛病，噘着嘴不肯吃饭，第二天父母就带她去学校换了班级，她终于和陆合川成为了同班同学。

下课的时候林悄悄故意挡住陆合川的路，她以为陆合川一眼就会认出她，结果陆合川只是看了她一眼，就从她身边绕了过去，就好像她和一个盆栽没有区别。

那种巨大的欣喜转眼间就等量代换成巨大的失落。

慢慢地，林悄悄发现陆合川和记忆中的他完全是两个人，他对任何事情都没有兴趣，总是坐在角落里发呆。

林悄悄不知道到底发生了什么，不知道陆合川买不起止疼药看着外婆疼到休克的难过，不知道陆合川失去唯一一个亲人的绝望，不知道陆合川面对生活的艰辛，她什么都不知道。

最初，放学的时候，林悄悄常常会跟着陆合川回家，时间久了，林悄悄知道陆合川家里只有他和一只猫。

林悄悄用无数根火腿肠收买了警长，她把它抱回家，给它取了个很洋气的名字叫Rose，用草莓香波给它洗澡，还在脖子系上粉红色铃铛，把警长的性别忽视得干干净净。

在学校，林悄悄厚着脸皮跟陆合川套近乎，陆合川不喜欢说话，林悄悄就可以在一旁一直一直说下去。

陆合川觉得林悄悄莫名其妙，但慢慢却也习惯了起来。

陆合川高高瘦瘦，常常会胃疼，林悄悄买了胃药给他，他只是笑笑把药还给了她。

当林悄悄发现陆合川在汉堡店狼吞虎咽吃别人剩下的半个汉堡，才知道，陆合川胃疼只是因为饥饿。

从那以后，林悄悄开始带饭，却常常装出挑食的样子，把饭塞给陆合川，自己在一旁吃零食。

林悄悄真的不知道自己应该怎么帮助陆合川，她知道如果自己直接把钱塞给他，那他一定会把自己赶出他的世界。

学校开始丢东西后，林悄悄一直有种不祥的预感，总觉得这件事或多或少跟陆合川有关联。

那天，陆合川依然在窗边发呆，旁边的林悄悄聒噪得像只小麻雀，叽叽喳喳地说个没完："听说昨天又有人丢钱包了，你说会不会是学生干的啊？这样也太……"

林悄悄没说完的话是：这样也太危险了，陆合川，这样很危险啊。

9

林悄悄见到沈冉冉的时候，心里很恼火，她觉得沈冉冉是世界上最自私最讨厌的人。

沈冉冉拿到照片，笑了一下说："其实已经不需要了，我决定了，我要去澳洲找杜成，以后可以照很多照片。"

沈冉冉脸上的笑容就像当初的林悄悄，林悄悄气顿时消了一半。

林悄悄犹豫了一下，问："你为什么这么喜欢他？"

沈冉冉笑了，说："如果一个人，在生命的最初不经意给了你温暖和希冀，那你就会奋不顾身地爱上他。"

不用再多问，林悄悄已经知道了沈冉冉全部的故事，就和自己的一样，记忆里有一个忘不掉的少年。

他或许是陆合川，或许是杜成，也或许是任何人。

有些人，住进你的心里，就再也没办法忘记。

冬 眠 的 熊

沐小白

1.不是喜欢，是爱

"北眠，你真的有那么喜欢罗小城吗？"林佳然眨着水灵灵的大眼睛问我，如果说眼睛是心灵的窗户，那么林佳然的眼睛就一大门。

"不是喜欢，是爱，是爱！"我习惯性地叉腰，提高分贝强调，就好像说着"没错，这是我妈"一样肯定，不容置疑。

林佳然鄙视地瞧了我一眼，说："莫北眠，不就是喜欢了人家而已吗？有必要这么自豪？"

"切！"我哼了一个鼻音，白了她一眼。对于接下来的行动，我可是满怀信心，满腔热血的。先贼笑一下，我已经算准了罗小城的经过时间，准备在此和他来一个不期而遇。看着罗小城帅气的身影越来越近的时候，我的心偷偷地漏掉了一拍。我和林佳然无意间嬉闹，却刚好扑到迎面走来的罗小城，正想着如何继续时，突然被林佳然破坏掉气氛。

"莫北眠，你该起来了啦！没看到人家帅哥的手腕磨破皮了吗？"

"是吗？"我低下头，一张帅气的脸便放大在眼前，我学着小说里的情节，含情脉脉地看着他，希望他也会像故事里一样从此忘不了我，最后爱上我，那我莫北眠这辈子就圆满了。

我入戏地想着和他美好的将来，却被林嘉然那家伙给活生生地拖起来，飞快地跑了。

跑的时候，我还有意地把用来伪装淑女的雪纺长裙飘动的幅度弄大，我想这该是一个多么有意境的画面啊！

在确定罗小城看不到我们的时候，林佳然才甩开我的手，用恨铁不成钢的眼神瞪着我很久，然后说："莫北眠，你出息点儿行不行？为了个小白脸这样投怀送抱的，你不丢脸我还嫌丢脸呢！以后再这样，别说我认识你！"

我笑嘻嘻地迎上了她臭得像下水道的脸，闺密就是如此般吧！只因为在乎，只因为觉得熟到了一定程度，所以无论怎么恶言恶语，都只当开玩笑，说到无比恶毒的时候，还可以给对方来一个good。

2.占为己有

后来，为了让罗小城对我的印象更深刻，我假装无比有善心，省了一个星期的零花钱买了好多红药水紫药水还有创可贴，在他回家的必经之路上继续守株待兔。途中遭了林佳然无数白眼，无数次说不陪我做这般没品的勾当，却还是没有在中途离开我半步。

"罗小城同学，上次走得匆忙，没来得及对你的伤口负责，现在我给你买了药。"我一个箭步冲到了他面前，滔滔不绝地说起来，顺势瞄了一下他到底摔哪了，却左瞧右瞧也没发现有伤口，只是看见林佳然贼贼地笑，我知道糟大了。但又不能立即对林佳然发飙，只能皮笑肉不笑地把药递给罗小城说："那个……留着下次用。"

"莫北眠，你今天还不把事情做个了结，别说我认识你！"林佳然的语气里带着十足的火药味，我看着她深深地吸了一口凉气，继续卖傻笑，怎么也说不出那几个字。

"罗小城，我们家莫北眠，喜欢你很久了，你做她男朋友吧！"林佳然叉腰说着，那架势好像要英勇就义了一般，而我却还不忘在旁边小声提醒她说："佳然，是爱，是爱很久了！"

"哦？"罗小城一脸儿戏地看着我们，我竟然有点儿无地自容的感觉。

"那就做我女朋友咯。"看着他说得云淡风轻，脸不红，心不跳的，我真想给自己一个拳头，莫北眠该冬眠了！

"哈？哈，哈，哈……"我由惊讶到兴奋，最后像疯子一样没形象地大笑，然后不知道怎么的就在林佳然脸上亲了一口，说："佳然，你回去顺路帮我和老妈说个谎，理由你顺便帮我编一个吧！"

无可否认的，我拉着罗小城手的那一刻，空气里仿佛冒出了粉色的泡泡，街道两旁的梧桐似乎要飞起来似的。从小学六年级被我默默跟踪到如今九年级了，我亲爱的罗小城终于成为我的男朋友了！

"罗小城，我可是爱你很久很久了呢！"此刻我的心里简直乐开了一朵花，我多么期待他说："是啊！北眠，我注意你很久了。"可是他什么都没有说，只是平淡地问一句："是吗？"

我把放在脚尖上的视线放回到他身上，但他的眼神一直看着别处，并没有要看着我的意思。不过，相对于我已经是他女朋友的事实，这点儿失望根本算不上什么。

3.只好顺其自然

后来，为了掩人耳目，每次和罗小城约会时，我都会带上林佳然，再后来，他们理所当然地成了好兄妹。每次林佳然凶我的时候我都会说："林佳然，以后我可是你嫂子了，对我客气点儿！"

"哼！"她总是不屑地哼一个鼻音，然后继续走在我的右边，而我的左边是罗小城。每次我不说话的时候，整个场子就会很冷，所以每次都是我自言自语东扯西扯地说一大堆话。

"你们毕业后想去哪里读高中啊？"

"市一中。"他们两个异口同声地回答，却谁也没有注意到我越来越低的头和慢慢黯淡下去的眼睛，我比谁都清楚，以我的成绩，能留在本校就是万幸了，市一中那么遥远的梦想我想都不敢想。

"哥，你也想去一中啊？市中学不是更好吗？"

"嗯，只是个人喜欢，哪里更好不在考虑范围。"

听着他们的谈话，我的心里酸得厉害，却还是咧嘴傻笑："我可没有你们那么高的志向，我还是老实地留守好了。不过，林佳然，你可要好好替我照顾城城哦！"听到我叫他城城，林佳然立刻给我翻白眼，还作呕吐状。

我横了她一眼继续痴痴地盯着罗小城看，我要把他的模样深深地刻到我的脑子里。林佳然很识相地没有再和我闹，罗小城也没有再说话，接下来又是大片大片的沉默，我再没有心思去挽救，只好一切顺其自然。

4.想要一起一辈子的人

中考以光的速度在6月结束，他们理所当然地考上了市一中，而我却孤苦伶仃地留守了。

为他们庆祝的时候，林佳然接到了家里的电话，中途就离开了，最后只剩下我和罗小城。我们坐在小区B栋的顶楼上，天上星星点点很好看，地上的灯火阑珊很美好，一切都好到我们一直看一直看，看到一整夜都忘记了说话，不是没有话要说，只是因为太多的话想说，而无从说起。

天微微亮的时候，他说困了，要回家睡觉，在他快要消失在视线里的时候，我才有勇气把千言万语化作一句话问他："罗小城，我们不要像别的情侣那样，一毕业就说分手好不好？"因为一夜没有睡，眼睛蒙蒙眬眬的，我看不清他的表情，我知道他在犹豫在考虑，但我还是听到他说"好"。

他说好，我本该高兴，大笑，因为我一直就是这样，不懂隐藏。但这次我总有一种预感，我感觉自此以后，他不再属于我，下次再见，他可能是别人的罗小城了。所以，他走后，我就忍不住一直哭一直哭，我想要一起一辈子的人，他可能会不爱我了，或许他从来就没有爱过我。

可是，那么多年，我的心不曾有过别人，就只有他，从十岁那年，他把我从游泳池救起来开始，我的心里就只有他了。那时候的我，因为想学游泳，而又不想家人在旁边管束着，所以在某个夜黑风高的夜晚偷偷溜到小区的游泳池那里。我以为游泳只是跳到水里，划手蹬脚那么简单，却发现自己在水里根本不能游起来，只是一味地下沉。在我以为自己就快要淹死的时候，他出现了。和我差不多年纪的他，竟然轻而易举地把我拖到岸上，走的时候还很凶地骂了一句："你是猪吗？不会游泳还学人跳水！"

可能是心里的感激大于一切吧！我这个人就是这样，总是只注意最在乎的，其次的会被毫无保留地忽略掉。所以当时我只是问了他叫什么名字，却不曾注意他说："我不住这里，你别告诉别人，妈妈知道就不会再让我游泳了。"

这么多年了，我依然无法忘记那个把我从游泳池救起来的男孩儿，所以，才会一直在苦寻一个叫罗小城的人。

直到后来，得知隔壁班转来了一个叫罗小城的男生，我便下定决心，这辈子，我跟定他了。于是便每天跟踪他，发现他身边没有别的女孩儿时，我庆幸不已。不过我和罗小城那段往事一直就只放在心里，没有告诉任何人，就连林佳然也不知道，她只是以为我喜欢罗小城那张脸而已！

5.失眠到天亮

他们回学校那天，我借口说肚子疼不能去送他们，却还是一个人躲在柱子后面偷偷看着他们的身影，像是一个窥视别人幸福的小偷一样小心翼翼。

一直以来我都因为自己有很准的直觉而感到骄傲，但这次，我希望是自己的错觉，他们只是比普通的兄妹好那么一点儿而已！佳然对我那么好，她绝对不可能背叛我。我不停地自我安慰，最终还是泪眼模糊，拖着疲惫的身体，经过车来车往，我始终不能释怀。

所以当家人要求我复读考个好高中时，我毫不犹豫地答应了。

深夜12点多的时候，我仍旧看着他的QQ头像发呆，我有好多好多的话想说，关于他的，关于我的，却始终说不出口，后来只是问了一句："一切还顺利吗？"发出去后我舒了一口气，虽然知道他不会立即回复我，但我依然耐心地等待，也许是他不想回还是刚好没看到，所以每次我为了等他的信息都会等很久，久到确定他不会理我后才放下手机，却总是保持24小时在线，手机24小时开机，我怕他想我的时候找不到我。

不知道过了多久，手机震动了一下，我惊喜地打开回话框，却只是看到简单的两个字："还好。"我还想说些什么，但他的头像已经变灰了。

我睁大眼睛看着天花板，努力不让眼泪流出，然后拼命地安慰自己。耳机里一直单曲循环着《灰色头像》，我失眠到天亮。

你的灰色头像不会再跳动

哪怕是一句简单的问候

是什么坠落升空

当我发现所谓醒来其实是另一个梦

……

6.你是我最在乎的朋友，没有之一

在我们都各自开始新的学习生活后，不知道是不是他们太忙，还是我在害怕，他们没有联系我，我也不敢联系他们，更不知道要找什么借口和他们聊天。我不是矫情的人，过于煽情的话我从来没说过，除了我爱你，亲爱的，我想你，其他的我都无从说起。

看着林佳然灰色的头像，我断定她一定在，只是隐身了而已，我故作轻松地打了一声招呼，用我们以前说话的语气说："林佳然，你是不是有了新欢就忘记我这个旧爱了？说，现在和哪个浑小子谈恋爱呢？"

看着久久没有回复的屏幕，我以为我的断定错误了，却不料看到了回复，她说："莫北眠。"

我说："嗯嗯。"

也许是因为曾经是那么熟悉的人，所以在这种无话可说的情况下，我依然不觉得尴尬。

"过得还好吗？"她问。

"没有你，我能好哪里去？"

"呵呵"。

"你呢？"

"还行。"

我们无关痛痒地聊着，却谁都丝毫没有提及罗小城。以前罗小城不理我的时候，我总是第一时间向她诉苦，但现在对于他，对于现在我的生活我已经不知道要和她说什么了。

我的生活，作为一个留级生，我过得一点儿都不自在，不快活。也许是因为现在遇到的种种不了解我的人，也许是他们走后，我再也没有遇上可以谈天说地的朋友，所以就有了接下来的我对她说的话，一句发自肺腑的话，我说："林佳然，你是我最在乎的朋友，没有之一。"

"北眠。"

那个时候我在想，林佳然，你是不是被我感动哭了呢？我的这番话是不是让你感动了呢？你是不是一点儿背叛我的心都没有了呢？我是自私的，我知道他喜欢你，一直就只是喜欢你，从我和他刚刚在一起的时候，我就知道，只是因为我，你一直没有答应和他一起。

7.祝你们幸福

在无聊的时候，我常常在微博、微信、空间里来回穿梭。某一天，无意点中了他的头像，竟然显示我无访问权限，后来不甘心连点了几次，依然是无权访问。于是，我下了自己的QQ，挂了他的号，竟然是"密码错误，请重试"。到底是从什么时候开始，我引以为傲的拥有，已经在潜移默化地改变了？

"对不起，您所拨打的号码已停机。"我接近崩溃地听着手机里的忙音，用颤抖着的手拨通了林佳然的号码，拨第二次的时候才接通，她说："北眠，有事吗？"听着她如此的问候，温柔到让我感觉生疏，以前她接我电话何曾温柔过？从来都是："喂？莫北眠，有话快说，有屁快放。"

我说："佳然，怎么办？罗小城不要我了！"然后便是哽咽着说不出话，电话的那边也久久地沉默了。

"北眠，"她欲言又止地喊了我的名字，而我害怕听到她的解释和事实，慌忙地挂了机，却还是听到了她说："对不起。"

第二天，我就请假去了他们的学校，他欠我一个交代，而我欠他们一个成全。在那条林间小道上，我看到他们手牵着手，我最好的闺密和我最爱的人牵手了。他们走在一起比我和他走在一起，更加的金童玉女。

我故作镇定地不去看他们惊讶的表情，却看到他们十指紧扣的手迅速分离，我多么想笑，可我还没笑眼就红了。

我在想，林佳然，为什么那个人偏偏是你呢？因为那个人是你，我不敢哭，不敢闹，因为我已经没有他了，我不想连你也失去。

"佳然，你永远是我最在乎的朋友，没有之一。"也许我的眼睛已经红了，也许我拼命挤出来的笑容已经变味了，也许我的声音已经沙哑了，但我只是想失去得有尊严，离开得潇洒一点儿。

"罗小城，林佳然，我祝你们幸福！"说完我踮起脚尖，在罗小城的脸上轻轻一吻，祭奠我从此没有他的一个吻。

8.此小城不是彼小城

那天风很大，雨很大，我一个人走在大街上，雨滴像一枚枚针，刺痛我的肌肤，只有痛过，才知道曾经拥有吧！我的小城。

不久后，我要和家人离开这座城市，到一个没有他们的城市开始新的生活。只是从头到尾，我都没有问一句：

"罗小城，你还记得那个在游泳池里差点儿被淹死的女孩儿吗？"

因为我害怕，我已经失去他了，我不想连最初的向往也一同失去。不去问，就不会有答案，没有答案，我就可以告诉自己，此小城不是彼小城，彼小城不是此小城。

也许，这就是初恋吧！即使刻骨铭心，即使难以割舍，只要图着一份美好，无论那个人是谁，无论是不是在一起，无论去到哪里，你都希望他幸福，而自己没有了他，终究有一天，也会找到属于自己的幸福吧！

我只是一只在北极冬眠的熊，唤醒我的，除了春天，还有就是温暖吧！

你是我的想念

梦境守护者湫阿布

曹泽倩

我叫湫阿布，是青城一个小镇上的梦境守护者。我的职业是在每个深夜潜入人们的梦境里，为他们驱逐噩梦，守护温暖明亮的梦境。

在这个世界上，有很多很多黑暗——浓郁的树荫、月球的背面、没有亮透的清晨小巷、突然暗下去的手机屏幕、被熄灭的灯，以及深夜里人们不安的梦境。所以在青城的每个小镇里都有一名像我一样的梦境守护者。每当深夜来临，便飞跃在沿街房屋的屋顶上，我们可以看到屋里熟睡人们的梦境。只要遇到黑暗的梦境，我们就会飞奔而入。

我们的职业看似刺激有趣，其实惊险无比，因为在人们稀奇古怪的各种梦境里，我们总会遇见各种凶猛的妖魔鬼怪。我们永远不知道自己将会在哪一次战斗中死去，拿破仑尚且有遭遇滑铁卢的一刻，谁也不能保证自己是梦境里的常胜将军。并且作为一个梦境守护者，我的职责就是要守护小镇上所有人的梦境，不能留恋在任何一个梦境里。如果在做梦人醒来之前没有离开他的梦境，那么我们将会永远消失在这个世界上。所以每一次完成任务后，我都会迅速离开，我漠视着战斗之外的一切感觉和现象。

今晚，我要潜入的是邻镇上一个叫张阿丁的女孩儿的梦境。我的同伴阿木邀请我与他一同去作战。据说这个女孩儿夜夜梦魇，阿木多次进入她的梦境中与梦魔战斗，但还是无法将它驱逐出去。噩梦让阿丁在漫漫的黑夜里绝望，模糊了现实和梦境的界限，正在一步步走向自我毁灭的道路。

夜幕降临的时候，我随手抽了把刀，走了趟雪花掩月，无声的夜，只有鸽子簌簌飞起的声音。我和阿木飞走在阿丁家的屋檐上，等待着她入睡。那裏挟着白日浮躁和喧嚣的夜风从窗户拥进去。阿丁在床上翻来覆去两个小时后，终于进入睡眠。我和阿木迅速地潜入她的梦境。

我们来得正是时候，一只巨大的麦兜鼠咻咻地在阿丁身后追赶。它口吐闪电，放出紫蓝色的光，阿丁惊恐不已。阿木生气地对我说："就是它！"我们立马各持刀剑冲向麦兜鼠，拦住了它的去路，而麦兜鼠明显不惧怕我们，它喷出火光拖着流烁的长尾，向我们炸开来，如倚天的长剑，劈破长鲸海水。越过我和阿木直奔阿丁。情况不妙，麦兜鼠要是追到阿丁，她肯定会惊醒过来。阿木说三十六计走为上计，要我先带着阿丁走，他去拦截麦兜鼠。

此刻，我飞过去抱起在拼命奔跑着的阿丁，往远处飞去，一路上雨无止无休，错错落落，阿丁闭着眼睛尖叫着，风在耳边呼啸，这是我第一次在梦境落败而逃。飞了许久，我们在一条无人的街道停了下来。她一边哭一边从我的怀里慢慢地滑坐在地上。我能感到她在剧烈地发抖，怎么也停不下来。我蹲下来抱着她：“没事了，有我在。”

我认真地看了看她，她是那样的清秀，雪山寒玉一样的脸，身子娇小又可爱，她的眼神忧悒，像块吸墨纸，稍愉快些的光线照到她，都会显得唐突而化为无形。虽然我们年龄差不多，但我在守护人们梦境的同时，也一路经历残酷的杀戮成长，内心早已变得沧桑无比。过了许久，阿丁说：“谢谢你，我终于不发抖了。只是，你是谁呢？为什么要来救我呢？”

“我是梦境守护者，救你是我的职责。”

作为一个梦境守护者是不可以有感情的。很快，我提起刀，转身离开去救阿木。

当我和阿木正与麦兜鼠打得热火朝天的时候，惊闻有人在喊阿丁。

"小丁！小丁！快起床，要迟到了！"

"糟糕，快走！"阿木和我立马飞出阿丁的梦境。

阿丁在晨光熹微中醒来，虽然麦兜鼠未被消灭，但毕竟她不再午夜惊醒。

阿木说麦兜鼠只是暂时退去，但不会就此罢休的。接下来的日子里，我和阿木轮流着进入阿丁的梦境守护她。

当我第二次再进入阿丁的梦境时，她正在一片蔚蓝广阔的海边玩耍，赤着脚踩在沙滩上捡贝壳，见到我，她喜滋滋地抓住我的胳膊，笑着对我说："有你在，那只大鼠不敢来了。"她满脸天真，欢欣如每个恋爱中的少女。我尴尬地把胳膊从她的手里抽出来。

看着海面上灰色的轮渡呜咽着航行。我说："有部电视剧里出现过这片海，那时我还在上小学。不知道为什么，觉得特别悲凉。"

"情深深雨蒙蒙，多少楼台烟雨中，记得当初你侬我侬，车如流水马如龙。"阿丁突然唱出了那部电视剧的主题曲。

我一下子笑起来了。然后我突然意识到，作为守护者是不应该有这样的情绪的，于是我收住笑声。

之后却是尴尬，两个人看着平缓遥远的海水，风钻进我们的怀里。原来世界沉默是这样的。

在这个凶险的梦境里，我知道自己每一步都应该小心翼翼，谨慎仔细。

第三次进入阿丁的梦境时，正是凌晨时分，空气有一种蠢蠢欲动的味道，我贪婪地嗅了嗅，伸了个懒腰，这时阿丁出现了，她笑吟吟地站在我面前，像是施魔法一样，从袋子里掏出两个小小的，红红的，却似乎发着光的苹果。

"干吗？"我面无表情地说。

"给你的啊！"她依然笑嘻嘻地看着我。

"不要。"

她没有说话，只是咬着嘴唇看着我。

我望着面前的苹果，愣了几秒钟，终于接了过来，像她一样大口吃起来，然后大声地赞美着："真甜！"

不一会儿她又拉着我陪她去放烟花，烟花绚烂美丽，绽放的瞬间，充满勇气的灼热和即将幻灭的绚烂。我看着它，有点儿害怕，因为我从来不知道自己的心里原来有这么多的感情。看完烟花，我对阿丁说，明天是我最后一天来陪她，因为我还有其他梦境要去守护。阿丁没有说话，只是低着头。

毕竟这么多天过去了，麦兜鼠还是没出现，我不能在同一个梦境里待太久。很多事情是自己不能掌控的。

最后一次进入阿丁的梦境时，来到的竟然是一片雪山。满世界的浓雾，只能看见十步以内的景物。我飞跃在雾气中，试图寻找阿丁。浓重的雾气已经不仅仅是笼罩在我的头上，而是像一堵高大无比的铅灰色石墙横亘在我的面前。但是为了寻找阿丁，我还是坚持向前飞。终于在一处山口找到被冻得说不出话的阿丁。当我背起阿丁时，麦兜鼠从后面追赶而来。就这样，我背着阿丁和麦兜鼠在雪山大战了起来。

我试图先将阿丁带到一个较安全的地方，再和麦兜鼠进行一次殊死搏斗。就在我们飞奔的时候，山谷发出了隆隆如雷鸣的声音，并且能够清晰地感觉到巨大的沙沙声。雪崩！当我意识到时，它已经来到了我身边！由零星变得稠密的雪霰，劈头盖脸地朝我们扑来，我不得不将阿丁掩在怀里，将衣领高高竖起，本能地护住阿丁的脑袋。麦兜鼠也难逃被大雪掩盖的命运。很长一段时间里，我和阿丁满脑子都是嗡嗡声，一片混沌，我们经历了一场生与死的考验，而这一切都得仰仗运气。

周围是一片漆黑，只有手中的刀刃闪着寒光，我用刀拨开覆盖的雪，艰难地背着阿丁往一处山洞走去。我抱着阿丁，一脸自信满满："等着我顺利完成任务的好消息吧。"随后，我提着大刀回到山谷和麦兜鼠大战，因为我知道，这一次我不乘着它被大雪覆盖去消灭它，那么以后也许就没有机会了。

受伤的麦兜鼠挣扎着迎面向我喷来飞镖，我没有躲避，全身心地将刀剑刺向它。将麦兜鼠打败后，我拖着负伤又疲惫的身体将阿丁送到城市的大街上。在落地的那一刻，风声静和，四周的高楼灯火星星点点蔓延开去，专属于城市的温暖气息扑面而来，脚下是坚实的地面。阿丁的泪水在一瞬间夺眶而出。

阿丁说我的出现就如摩西的手杖——将海水分开，让道路出现，将她从噩梦的处境带向另一处所在。她紧紧抱着我，想要我留在她的梦境里。我掰开她抱着我的手，故意用一种嘲笑地口吻对她说："守护你的梦境，只是我千万个任务之一，我不可能为了你献出生命的。"

阿丁不解地看着我。

阿丁走了，走的时候脸上是失魂落魄的表情。我站在阴影里送她，不想、也没有能力去帮助什么，挽留什么。我的嘲笑可以是假的，但我的话是真的，我会死的。

过了许久，我抬起头，阿丁已经消失在街的尽头，整条街只有明明灭灭的灯光，那一刻我突然溃不成军，凭血性支持下来的最后一口气也吐了出来，我倒在血泊中……她不知道麦兜鼠喷出来的飞镖有剧毒，她不知道因为她，我找到了自己的感情，她不知道如果有来世，我仍愿做一个梦境守护者，守护她的梦境，让她天天快乐，夜夜平安。

"醒醒，阿布。阿布，班主任来啦！"同桌阿木拿着笔盖戳着我的脑袋。

我揉揉蒙眬的双眼："啊，我没死啊？"

"你再不醒来，就要死了，班主任来啦！"

啊，原来是梦啊，是梦就好，那些悲伤沉重的事情不是现实。

"喂，你看，我们来了个插班生哦！"阿木指了指讲台。

"大家好，我叫张阿丁。"女生看着我，眨了眨眼。

你是我的想念

何嘉乐

1.你还好吗？路水年

阳光明媚，莫小耳使劲儿摇着我的胳膊，嘴巴凑到我的耳边，神秘兮兮的样子。

"杜小央，水木在你后边。"

"我知道。"我没有抬头四下张望，依旧平淡。

水木并没有很帅，瘦瘦高高，有些许清秀。

水木喜欢我，我没有刻意去感觉，是他告诉我的，我没有小小的欣喜，也没有贪婪的成就感，更没有自恋地去想我是不是变漂亮了，有的只是我更想路水年了。

2.只有不断的凉意提醒着我，骄傲已溃不成军

毕业聚会那天晚上，夜凉如水，他穿着宽松的运动服，淡淡的灯光披在身上，恬静美好，他侧着脸和同学娓娓而谈。

我不知是怎么了，当时脑子就坏了，我似乎用尽全身的力气叫出了他的名字。

"路水年……"

他略微一愣，走了过来，眼睛深邃发亮点缀着期待，我心上一紧便有些手足无措，想了百转千回的话噎在喉咙里出不来，他也不说话，气氛一点一点在尴尬。

"杜小央，原来你在这儿，这老半天我都找不到你。"莫槿朝着我们慢慢走了过来。

原来想象中两个人的场景，如今却变成了三个人，我着急了，我怕这个入侵者抢了我的镜头，让我沦为孤独的配角。

凉风缓缓袭来，刺激着我每一个敏感的细胞。

"路水年，我有话和你说。"

我抬起头对上他似笑非笑的眼，最终还是胆小的我低下了眼睑，他的眼神太过笑意不明，我害怕落得输的下场。

莫槿站在了我旁边，她这个人总是卑微又骄傲，装

作什么都不在乎却又把什么都记得死死的，她是我的好朋友，我们的关系可以说是君子之交般的清淡。

此时的我，已经不能退场了，只能继续完成还未说完的另一半。

"我……嗯……我喜欢你。"与痛到极点便不会痛了相同，紧张到极点便不会紧张了。

我期待着他的回答，我曾构造过无数个浪漫甜美的场面，比如，他温柔地摸着我的头发，轻轻对我说"我也是"，又比如，他戏谑地将唇靠近我耳边，无比暧昧地对我说："杜小央，你终于认输了。我，也喜欢你。"

可我万万没想到，莫槿像是化解尴尬一般，三两下便把我们之间用暧昧凝聚的氛围搞得面目全非。

她无害地笑着，说："哎呀，她的喜欢就像是对偶像那种崇拜，其实我也喜欢你，不过都过去了，其实班里有好多女生都喜欢你。对吧，小央？"

他的眉头轻皱了一下，对上了我的眼："不是吧？"

我正要开口，莫槿却着急着把话抢了过去。

"真的，像班里上学期转走的那个……"

"……"

我傻傻地站着，不知道还在期待什么，只有不断的凉意提醒着我，骄傲已溃不成军，在他依旧似笑非笑的眼中。

3.你一定不会知道，我很想你

潇潇细雨不住地下，剪不断的忧伤，秋雨分外寂凉。

自告白事件草草收场之后，我便颓废地窝在家里，整日呆坐在电脑桌前，脑子里不断回放着那日的影像，清晰且悲伤。

登上QQ，鼠标的光标在路水年头像周边犹豫再三，最终却还是慌乱逃离。无意间打开了莫槿的空间漫不经心地浏览，忽然却被一行字刺痛了眼睛。我不愿相信，闭了眼又睁开，反复数次，终于确认它的确存在。眼泪便一粒一粒滴落在染有红漆的电脑桌上，似一粒一粒的红豆。

强大的暗潮一下子涌上心头，酸楚且苦涩。

忽然想起什么，慌乱地点开林子的头像。还好，他在线。他一定知道，作为路水年的好兄弟。

"在吗？"

"嗯，在啊。"

"路水年真的走了吗？"

"是啊，今天上午的火车，莫槿她们还有来送哦。你不知道吗？"

"呵呵。"

怆然地盯着屏幕傻笑，泪水溢满眼眶，在脸上乱成忧伤，握紧拳头，指甲就要嵌到肉里，死咬下唇，强忍着发抖的身体。

我死死地抓着鼠标，在我的空间里乱删一通，删掉了关于他的字字句句，无力地放开鼠标，把自己轻轻放在床上，原来一切也不过如此。

第二天一早，雨停了，天空还亮得不够明朗，我站在篮球场上，那里还没有一个打球的。也许是太早了。

路水年经常到这里打篮球，和他的好兄弟。他打球的姿势有时很怪，可我却觉得很帅。我最喜欢看他进球时不顾形象地大笑，好过他解题时轻蹙的眉间。他的手掌很大，我想也许会很温暖，可是我从未牵过。

其实，我经常到这里看他打篮球，只是不想被他发现，所以常常假装路过。久而久之，公园变成了每到放假必须去的地方，我总是爱从北门进，因为从北门一进去便是篮球场。

可是，路水年，我没想到，你就这样潇洒地离开了，不留痕迹。

你一定不会知道，我很想你。

路水年去H城了，在那里上高中。

H城到A城是个难以跨越的距离。

4.你还是离开了，带着我的喜欢，退出了我的世界

时间越久，美好沉淀越多，疼痛越不知所措。

路水年，我记得很多。

记得，有一天，你把黑板当作天幕，粉笔幻化为神奇的画笔，满满地点缀上无数的流星。你站在讲台上意味深长地看着我，仿佛这世界只有我们两个人。你用手指面向黑板在空中不知写着什么，你说黑板上有字，可惜那时的我还没有看过《初恋这件小事》。

记得，有一天，身为化学委员的我问同样身为化学委员的你什么时候去抱作业本，我们之间的距离只有一步，你不说话，歪着头看我，痞痞地笑了。突然你一步跨了过来，我们的身高相差十多厘米，我的头就那样近乎贴到你的胸膛，你俯下身来慢慢靠近，嘴唇近到我耳边，我能感受到你的呼吸你的温度。就这样时间静止了，我呆了，一个礼拜都失眠了。

记得，有一天，同学们起哄让你唱歌，你笑了笑有些郑重地吸了口气，然后深情款款地唱起了方大同的《红豆》。讲台上的你，直直地看着我的眼睛，让我无处躲藏，表面的不在意和我狂跳的小心脏形成极大的反差。

记得，有一天，你误会了我，我很生气但没有解释，转过身决绝地走了，留下身后呆住的你。最后你还是厚着脸皮逗笑了我，你的眼睛是那么认真。

记得，有一天……

路水年，你知不知道，我记得很多，每一件事，每一件关于你的事都记得。

路水年，你是喜欢我的吧？不然你为什么会给我那么多浪漫，不然你为什么总用你那会说话的眼睛看着我？

可是，你还是离开了，带着我的喜欢，退出了我的世界。如果你知道一个人的世界因为你的离开而改变，那么你会不会有成就感？

我很想你，路水年。

5.把红豆熬成缠绵的伤口

我拒绝了水木，打消了他想与我交往的念头。

因为你，路水年，在我心里无人能比，无人能代替。我的世界只想存在你，只存在你一个人。

在孤寂的时光里，我慢慢爱上了解题，我固执地相信所有的问题都有一个合适的答案，想你的时候，总听方大同的歌，漫无边际地想着你然后失眠。

抬起头，望向天空，星星还未出来。

红霞似胭脂在天边化开，染红了蔚蓝。

路水年，我在努力学习，想要跨越这距离，即使我们不能在一起，我也想看着你。

还是那首《红豆》，静静流淌在时光里，时不时在耳边响起：

还没为你把红豆

熬成缠绵的伤口

然后一起分享

会更明白相思的哀愁

……

来自旧日夏天的你

佳 音

1.第一个静静听我诉说的人

我从小就很喜欢看书，眼睛就像会吃字一样，没几天就能看完一本。那时家境并不富裕，父母给的零花钱很有限，所以我十分珍惜到手的每一本书籍，每次看完都放在书架上好好珍藏。

上了初中，我用存了半年的零花钱，买了向往已久的厚厚一本《百科全解》。班上同学逐渐知道我有收藏书籍的习惯，他们开始找我借书看，坐我前排的女生借走了《百科全解》。

借书容易还书难，我到最后才懂得这个道理。我一直追着班上同学还书，直到上了初三，还有两本书没有收回来，一本是《三毛散文集》，另外一本就是《百科全解》。借《百科全解》的女生家境富裕，是典型的众星捧月"小公主"，她打扮洋气心高气傲，当初同学们找我借张爱玲、三毛、四大名著，她偏偏选择借《百科全解》，为了在同学们中间显示自己与众不同。三年来，她从未翻过那本书，因为我看见书就在她的课桌里，她也不带回家。

夏天的操场，我顶着烈日一直等到应嘉杰打完篮球。他是学校风云人物，校长的儿子，白皙斯文，运动也是强项。我在他面前有些自卑，怯怯地再次提起勇气问他什么时候能还我三毛的散文集。他抬手把满头的大汗珠一抹，再一次不耐烦回我道："等我看完再还你。"

眼看就要面临中考了，这个夏天过完不知道还能不能读到同一所高中，我知道他的回答潜台词就是永无还书之日。长久以来压抑内心许久的情绪撑破了我的心理负荷能力，我蹲在篮球场上号啕大哭起来，操场上正在锻炼的同学们都朝这边投来目光，我以前都很在意别人的看法，今天我却感受到我的世界其实只有一个孤独而卑微的自己。

我永远都忘不了，那年夏天，站在我面前被我哭到手足无措的少年。他递给我纸巾，我哭到声嘶力竭的时候，他把我拖到树荫下坐着，然后跑到学校的小卖部给我买来了一瓶冰水，最后他静静地坐在一旁陪着我一直等到我哭完。

人在情绪崩盘的时候，很容易讲出内心最真实的话，我抽抽泣泣地诉说着："我为什么从小喜欢看书，不是因为我有多热爱学习，而是因为我知道，如果把零花钱拿来买玩具，很快就会旧然后玩坏掉，书就不一样，它会跟你讲很多故事和道理，它陪着你让你少走许多弯路，永远的不离不弃。"我告诉他我半年没有吃早餐，每天早读总是伴随着肚子饿得咕咕叫的声音，省下的早餐钱才够买一本厚厚的《百科全解》。

我只讲这些书是我好不容易才买来的，却没有告诉应嘉杰我哭泣的真正原因。

应嘉杰和那个女生一样的心高气傲，每一次催他们要书都让我觉得自己好像在讨要什么原本不属于我这种人应该有的东西，他们是那种生来就享有一切的人，我是那种什么都要靠着自己去争取的人，即使仅仅是站在他们的身边我都能被他们的光环刺伤。

"《三毛散文集》是一个女生想要，我借给她了，我和她现在没有来往，我回去帮你把书要回来，你以后不要再哭了……"应嘉杰声音第一次带着点儿柔软，他细细地安慰我，我知道他仅仅是同情我而已。

2.深深的自责

接下来发生的事情，完全出乎我的意料。

我看着应嘉杰站在我面前跟前排的女生大吵起来，他们不知道为了什么而起的争执，女生一气之下拿锁头把课桌锁了起来，然后夺门而出。

应嘉杰从教务处找来一柄钳子把她的课桌撬开了，他从她的课桌里拿出《三毛散文集》和《百科全解》。

当时我坐在后面，将这一切都看得清清楚楚。

晚自习应嘉杰都没有来上，下自习后，他在我回家的路上堵住我，把两本书往我手上一塞就走了。

第二天这事被老师知道了，因为那个女生哭哭啼啼地到老师面前说自己的课桌被撬开了，我坐在她后排，所以老师找我谈话，问我有没有看到是谁撬了前面女生的课桌。

"老师们一直觉得你是品学兼优的好学生，听她说，你总是找她要一本书，偏偏正是那本书也不见了……"老师一语双关的话让我脊背发凉。

因为太年幼无知，我将事情的后果想得很严重。为求自保，我只能将应嘉杰供了出来，他是校长的儿子应该会没事。我就不一样，父母都是普通工人，如果我在学校犯了盗窃的大错，父母永远都抬不起头来。

正因为应嘉杰是校长的儿子，校长对事情更加的看重。

虽然我在心里不停地说服自己，的确是应嘉杰撬开那个女生的课桌。但是当我看到应嘉杰低着头站在全校师生面前被通报批评的时候，我心里还是深深的自责。初三最后的日子，应嘉杰变得郁郁寡欢，全校通报批评对于骄傲的他来说是一次重挫。

后来，我的眼神总是有意无意地瞥向操场那白衣飘飘的少年，他的三分球再也没中过。

3.我们之间的鸿沟

中考结束之后，我顺利的考进了重点高中。应嘉杰恰恰也考进了这所重点高中，他的存在让我一直心有愧疚，我不知道该如何面对他。

再见应嘉杰时是在初中同学聚会上，他穿着很时髦的韩式毛线衫，窄脚牛仔裤，我印象里曾经白衣飘飘的少年逐渐褪去青涩，越来越成熟了。他似乎放下了以前的事情，与在场的同学们畅饮欢歌。

我刻意坐在偏角落的位置，避免与应嘉杰打照面。他端着饮料一一走过与每一个同学碰杯，当初与他争吵过的女生，含笑举杯与他一饮泯恩仇。那个女生的笑容暧昧不明，女生更容易读懂女生，我从她的眼神里似乎看出点儿端倪。的确，应嘉杰自从上了高中之后没有走得很近的女生。

脑海中忽然闪过初中老师一语双关的话，她向老师诬赖我撬开她的课桌……难道身处劣势就该受人怀疑？即使再努力，我这辈子能戴上与他们相同光环的概率也不高。我血气冲上脑子，偏偏这时候应嘉杰到了与我碰杯的时候，我把杯子里的饮料倒掉，斟满一杯白酒，对着他一口气灌进了喉咙。

第一次尝到酒的滋味，喉咙火烧般的灼痛，我来不及看应嘉杰的表情逃也似的离开这场我不该来参加的初中同学聚会。

我走了一段路才回头，发现应嘉杰在我身后，他默默跟着我走了好久。

或许是酒精的作用，我又一次在他面前号啕大哭起来，这回不是自卑，是因为委屈。在大街上我哭得昏天暗地。这一次他没有手足无措，突然上前抱住了我，吓得我立即止住了哭。

这一切来得太突然，我推开他，一路狂奔回家，心都快要跳到嗓子眼儿了。我没有完全喝醉，我能清楚记得他的怀抱散发出来的清冽气味，我也能明白地感受到他的意思，他对我可能是因为同情而产生的喜欢。

可是我却无法忽视良心上对他的愧疚感，这是我们之间最大的鸿沟。

4. 我成了他的女朋友

文理分班后，我选择了理科。课业变得逐渐繁重，我尽量回避应嘉杰，他也十分识趣地没有来找我。

高二的时候，老师为了能让每一个学生都考上大学，实施一个好学生带一个后进生的原则，我被分配到负责给一个学习成绩较差的男生讲解习题。

那个男生并不笨，只是因为贪玩而耽误了学习，在我的帮助下他的成绩进步不少。为了报答，他偶尔会给我买一些饮料和零食，晚上下自习之后还负责送我回家。

这天下晚自习，那个男生有事没送我，我独自回家。快到家的时候应嘉杰堵住我的去路，他怒气冲冲地质问我，那个男生跟我是什么关系。

我反问应嘉杰："那你跟我又是什么关系，凭什么来管我的事？"

他一怔，眼波里聚拢氤氲，带着受伤的表情看着我，说："我好不容易前进一步，你却退后一万步，我怕我越追你跑得越远。"

我无语凝噎，心里的话堵在胸口，说不出来。我该怎么才能告诉他，是我揭发了他，才害得他要在全校面前接受通报批评，初中时代的最后几个月他几乎抬不起头来做人。

家附近的桃花开了，微风一过，有一朵花瓣落在了他的头上。我自然的踮起脚尖想为他拿掉花瓣，他误会了我的意思，倾身上前，他的唇触及我的唇，如蜻蜓点水一样，水波却永久地在我心里荡开了。

他才告诉我，喜欢我的原因。

"那天我没有去上晚自习拿着《三毛散文集》和《百科全解》在你回家的路上等你，我等得无聊就拿着书随便翻翻，才发现每一页纸上都有你用铅笔小心做的读书笔记，你读书很认真，哭的时候也很认真。你是脚踏实地认认真真地活着。看着那些字，忽然我觉得看懂了你，从那时起你便住进了我心里。可是后来发生全校通报批评那件事，让我觉得自己配不上你，直到上了高中我感觉生活能重新再来，所以想让你重新认识我。"

他放下骄傲剖开心扉对我诉说着，我不忍心再度伤害他。

就这样，我成了他的女朋友。

5.怪我们太年轻

我跟他在一起，很多女生在背后嫉妒地骂我，她们的口水几乎能把我淹没。可是我跟应嘉杰在一起的时候真的很甜蜜，他家里的藏书很多，每两三天就带一本大部头给我，我们有共同话题，一起聊着自己对书上生涩内容的理解。

他跟我讲《水浒传》《少年维特的烦恼》，我跟他讲《红楼梦》、张爱玲的小说，我们彼此都安静地倾听对方的思想。这让我常常觉得自己很幸福，现世安稳，岁月静好，人生能得一知心爱人，足矣。

躲不过的是，一切的恋爱都会有争吵。应嘉杰在女生之中太受欢迎，常常会有女生与他频繁接触毫不掩饰对他的喜爱，他又是一个不太懂拒绝的人。我会吃醋，但是大多时候都憋着，装作若无其事。学习不好我可以靠努力去争取，可是感情不是靠努力就可以得到的，我尽量让自己做到举重若轻。每一次争吵，他都是第一个先低头认错的人。

因为太年轻，快乐和伤心都来得那么直接，他看到我满不在乎的样子便故意跟其他女生走得很近。最终，我们之间爆发了有史以来最激烈的争吵，他故意说着绝情的话，说我各方面条件都比不上其他女生。他真的很了解我，知道我自尊心很强，这样可以刺激我讲出来他对我来说有多重要。可是，他不知道我心里还有芥蒂。

在大声争吵中我将埋藏在内心许多年的秘密讲了出来，我曾经因为自己的怯弱而出卖了他。说完后，我一身轻松，感觉压在心头的重石终于落下。我料想他会生我的气，这一次我做第一个先低头认错的人，我们还能和好如初。

应嘉杰忽然用一种陌生的眼神看着我，他嘴角慢慢勾起一丝苦笑，淡淡地说："我还以为我们是两情相悦才在一起的，原来你都是在赎罪。"

我瞬间震惊的呆住，犹如冷水兜头浇灌全身，我不知道会造成他这么大的误会，我拼命地摇着头跟他解释我不是在赎罪，我跟他在一起是真心的。

我说的话，他已经听不进去了。后来，就算是为了一点儿小事，我们也能吵得翻天覆地。慢慢地，疲惫让我们对这段感情越来越灰心，接下来的日子我们还要面临紧张的高考，最后我们只能选择一起放下这段痛苦的感情。

6.最后的我们

高考结束之后的暑假，在深圳开公司的一个远方亲戚答应让我去做暑期兼职，两个月的工资可以让我负担大学里一个学期的学费。在五光十色的大城市里，我与每个奋斗在格子间里的小白领一样，靠着自己的能力拼搏安身立命，我逐渐变得善于与人沟通，开朗内心豁达。我深知，以前那个怯弱的自己配不上应嘉杰。

每次想起应嘉杰，我还是会有心痛的感觉。工作期间我收到心仪大学的录取通知书，望着那份薄薄的录取通知书，心里却像刀剃过一样疼痛，我再也不能期许能在同一个校园里见到应嘉杰了。

从深圳回家收拾行李的时候，我刻意向老同学打听过应嘉杰，他不在家乡，还没开学他就已经坐火车先到学校里去了。我心里泛起一阵酸楚，他知道我要回来收拾行李，所以故意躲着我吧。

　　大学四年期间有过很多次老同学聚会，有几次学校里面有事耽误了所以我没有参加，终于有一次我好不容易空出时间匆匆赶到同学聚会的时候，他却已经先走了，今后的岁月，我们始终都未能见上一面。

　　偶尔从老同学那儿听到他的故事，我也只是会心地一笑，然后不发一言。在经历过成长的蜕变之后，我逐渐明白，应嘉杰已经成了我生命里的过客，年少不经事的爱情我只能当成回忆。时间流转爱情无法永远保持青春的容颜，那年站在桃花树下的我们再也回不去了。我永远忘不掉的是他怀抱里清冽的味道和他勾起嘴角的淡淡笑容。回忆里他还在微笑，现实里我却哭了。

许我向你走过去

好 久 不 见

暮浓城

1

三中的校庆已经过去一个星期了。

从三中的贴吧、论坛，再到人声鼎沸的校园里，没有一个人不是在讨论着顾澈。

我坐在靠窗口的座位上做着习题，偶尔抬起头就能够看见那个站在风口浪尖上的少年困倦地打着哈欠揉着眼睛，或者是看漫画书、折纸飞机。他就是顾澈，三中高一（4）班的学生，在三中校庆上出尽风头的人物。

原来，我还住在大院儿的时候，大院儿里的阿婆就常常和我说："男生女相，实属祸端。"这句话很准确地在顾澈的身上体现出来。他本就生着一张惑人至极、害人不浅的脸，再配上一双摄人心魄的眼，不管你汗毛长没长齐，看见顾澈第一眼你都会觉得，这人，好看。第二眼你就会觉得，这人，耐看。

就是这样一个长得像祸端的少年，和我唯一的交集大概就是，每次考试他的成绩都死死地将我压在他的后面。这点儿事不知道被许年年拿来说了多少次，每一次她都指着我说："小梨，你看你多命好啊，每次名次一出来你都跟在顾澈身后。"末了，她还会重重地叹了一口气："唉……"

我哑然。其实这种缘分，是要不得的。想着，又低下头，继续钻研习题。可是，每次在课间做题的时候，我都有些不安稳，大概是因为耳边总会响起一句——

"顾澈，有人找！"

然后坐在离我不远处的那个少年又会板起一张脸。我想，大概整个高一（4）班的学生，对于"顾澈，有人找"这句话早就已经打了预防针，十分的免疫。从开学那天，顾澈被分配到这个班上开始，找他的女生就络绎不绝，我和许年年说："按照顾澈的人气情况，我估计喜欢他的女生都可以组成一个连了。"

许年年对我这句话很是赞同。于是，我又不是很要脸地开口和她说："如果你要是不介意，也可以趟顾澈这浑水，估计到时候你还可以成为这个女兵连的连长。"

可惜许年年一心扑在她"一见钟情的学长"身上，并对我说："不如小梨你去蹚顾澈这趟浑水怎么样？"

我微微一愣，轻笑，摇头。

许年年看了我半晌，有些惋惜地说："也是，就算他顾澈是个狐狸精，并且光着身子在你面前晃一晃，你都敢不动声色地将他推开，并且嘴巴里还念叨着色即是空。"

许年年这一句话，好像说得很在理。可是，事实却不是这样的。

2

三中放寒假的那十几天，我过得简直可以用"暗无天日"四个字来形容。白天和黑夜颠倒，连带着生物钟都有些问题。大年夜那天，父母还在外地没有回来。年夜饭就是一碗热乎乎的泡面，以及看不完的小品，过得实在是心酸。

那晚打电话给爸妈的时候，他们老实憨厚的声音从话筒的另外一头传来，让我难过得几乎要落泪。放下电话，我将自己收拾得干干净净，穿上了很厚的大衣准备出门。在市区里，就算是过年，也还是热闹的。我不想一个人，那么冷清。

打开家门的时候，冷风刺骨地往我身体里蹿。我忍不住缩了缩脑袋，还是走了出去。

却，遇见了顾澈。

那个少年站在大酒店的门口，穿得薄而少，因为寒冷而被冻红了鼻尖。他的眉尖儿皱着，眼神清明却带着不耐烦。我站在距离他的不远处停下了脚步，看着他的视线与我对视。一瞬间心里没来由的有些怯懦，随即低了眉眼，想要假装没看见他。

"新年快乐！"路过顾澈的时候，他却弯了眉眼，含笑望着我，轻声说出来的话虽然平凡无奇，却充满了一股暖意。

我抿了抿唇，有些不适应地回他："嗯，新年快乐！"

之后，就像要逃离一样地想快步走开。等到离开了差不多很远之后，我逐渐地将吊紧的心放松了下来。这只不过是一次偶遇，却也是我和顾澈头一次说话。我想，要是顾澈真的是只狐狸精，还脱光了在我面前晃的话，我大概是不可能不心动的。

市区的街头，比平时要冷清许多。

在我的身后隐隐约约有声音传来，还似乎带着我的名字。我有些诧异，转身看的时候，却看见顾澈在我身后追得脸色通红。

我吓得眼睛瞪老大，不知道他是什么意思。

直到顾澈站到我的面前，气息不稳地对我说："沈缭，一起吃火锅吧？"

许我向你走过去

3

那日的夜色的确很好。在路边的火锅店里，顾澈拉着我，还有一大帮我不认识的人，一起围坐在圆桌旁。顾澈笑起来的时候很好看，流光溢彩的，犹如一颗无瑕的钻石。而钻石，是完美的。

但我还是很疑惑，顾澈是怎样在大年夜里找来这么多人坐在这儿陪他吃火锅的？问出口了才知道，顾澈今天晚上已经赶了很多场饭局。

我忽然有些羡慕。

顾澈似乎能够察觉我的视线，他转头问我："怎么了？"

我摇了摇头："顾澈，你赶了那么多饭局，肯定吃了很多好吃的吧？"他微微一愣，夹了一棵白菜给我："沈缭，今天大年夜的你吃了什么？"说着，他又夹了很多羊肉，沾着酱油给我。

被他这样一问，我有些不好意思地摸着鼻子说道："……泡面。"

他想继续给我夹菜的手明显抖了那么两抖。但是很快，顾澈恢复了原来的神色，将金针菇戳到我碗里头，淡淡地说："吃吧。"

他看着我吃完一碗，又继续给我夹，有时候夹到我不喜欢吃的,我就夹回他碗里。

旁人看见了,纷纷地打趣儿:"顾澈,这不会是你新交的小女友吧?"可是顾澈都还没回答,我就回答了:"顾澈怎么可能看上我!"然后,我又看了一眼顾澈,自顾自地说道,"对吧?"

顾澈浅浅一笑,点头,看着我的眼神仿佛在说"你很有自知之明啊"。

吃完火锅,顾澈虽然酒喝得不多,却还是让脸带了些红色。

他的身上带着酒气,可是神智依然清楚,至少他能够四平八稳地将我送到家,再温和地与我说一句"沈绮,晚安"。我关上门,趴在窗口,看着顾澈的身影逐渐由清晰变模糊,最后消失在了冰冷的黑夜与灯光里。

这一切,似乎都有些不真实。

而这一切,都将我归纳到一份不能说的秘密里。只属于我的秘密,我和顾澈,应该算是朋友了吧?

4

新学期开学,最初每天还是冷到令人颤抖的地步。唯一的转变就是偶尔顾澈会与我说上那么几句话,偶尔我看向他的时候他也会看向我并和我微笑。他似乎不再是那个近在咫尺却远在天边的少年了。

没有人会注意到我与顾澈之间的转变，自然，我与顾澈之间就算有什么转变，只要不是恋人的关系与别人就没有任何的关系。

顾澈的成绩在夏天来临之前开始节节高升，而我的成绩却还是依然在中等不上不下。

之后，年段里开始疯传，顾澈可能要转学。

这件事情最终被证实是真的。而证实顾澈要转学的那个人，刚好是我。是顾澈在我值周的那个傍晚，从球场上打完球之后，对着正在擦黑板的我说的。他当时站在夕阳下，橘色的光将他的轮廓打得分明。他的声音既熟悉又悦耳，他说："沈缦，他们说的是真的。"

我擦黑板的手顿了顿，转头看向顾澈，有些喃喃地说道："那你转学去的学校，一定比三中还要好的吧？"

"是国外。"他微微地垂下眸，淡淡地说。

我怔了怔，想出声祝福他。可话还没开口，顾澈就望向了我，清凉透彻的眸子带着如水一般的认真："你会想我吗？"

没有悬念的，我点了点头。顾澈弯起唇角，似乎很满意我这个答案。他伸出手拍了拍我的脑袋，说："还算有良心。"

顾澈的送别会上，有很多人。大家送他的礼物多得数都数不过来。

我送他的礼物，是一张精装的CD。

高二开学时，我的世界里再没有顾澈这个人的身影。他空出来的位置，一直都是空着的。下课钻研习题的时候，耳边也格外地清净。我偶尔抬起眸的时候，再也不会看见那个少年的身影。一切似乎都是那么的自然，而许年年也成功地俘获了学长的心。

我想我是真的很想念顾澈的。想念到，在高中毕业那年暑假，会收到他从巴黎送来的礼物。

5

多年之后的法国巴黎，我经过一家平凡无奇的咖啡店。眼睛却透过玻璃，看见了一位穿着休闲、眉眼熟悉的青年坐在咖啡馆里。他的眉梢带着些许的媚色，面容薄然，眉眼清清明明却淡雅如雾。

我吸了吸鼻子，看着顾澈看向我，看着他起身朝我走来，看着他站在我的面前，看着他对我说一句："沈缛，好久不见。我送给你的礼物还喜欢吗？"

我似乎能够在记忆里搜寻得到三中那年的校庆。我坐在台下，看着顾澈拿着话筒，一个人坐在舞台的中心，用极致迷人的嗓音唱着陈奕迅的《好久不见》。他的眉眼清晰犹如星光，声音悦耳动听。

顾澈送我的礼物，是一个MP3，里面只有一首歌，一首他清唱的《好久不见》。

　　我来到你的城市，走过你来时的路，想象着没我的日子，你是怎样的孤独……

　　你会不会突然地出现，在街角的咖啡店……

　　我会带着笑脸，挥手寒暄，和你坐着聊聊天……

　　我多么想和你见一面，看看你最近改变。不再去说从前，只是寒暄，对你说一句，只是说一句，好久不见。

致我可爱的猫神大人

清水空×桑巴豆

1.天降猫神，九百九十岁

我叫洛梓墨，最喜欢喝黑加仑酸奶。

但是这个时候我在医院排着冗长的队，等待着专科门诊。原因似乎是因为我最爱的黑加仑酸奶过期却被我误食，而导致全身过敏——脸蛋尤为严重。

"洛梓墨请到3号门诊。"

听到机械的女声后我拿着挂号单跑了过去，而就在踩到医院皮肤科第三块地砖的时候，我感觉眼前的建筑物微微晃了一下，踩着脚下的地砖更感觉像是踩在软绵绵的什么物体上。

还没等我反应过来，我就听到一个虚无缥缈的声音：

"笨蛋，你踩到本猫神大人的肚子了！"

什、什么！肚子？

正当我左右环顾的时候，周围的一切又都回到了原来的样子，包括那个声音也没有再出现。

随后的事情都很顺利，一切顺利得不可思议。

原本一直是成绩平平毫不起眼的高三学生的我，在近一礼拜无论做了多小的事情都被班主任夸奖，简直就是成了万众之星，光芒闪耀。

就连我从小佩戴到大的玉质钥匙串配件都失而复得了。这钥匙串配件是一个迷你拐杖模样，据妈妈说我小时候特别喜欢。

对我而言这些都是非常受宠若惊的事。直到有一天，一件更匪夷所思的事情落在了我的身上。

做完高三习题已经很晚了，看了看时间大约在夜里十一点左右。我房间窗户对面是一条非常空旷的马路，路灯彻夜明亮着。正当我在思索夜晚的马路也是僻静美好的时候，突然传来了"咚咚咚"的敲门声。

一开始我以为是风吹着石子落到了我家的铁板门上传来的声音，可是这个声音一直持续了五分钟，随后的一个想法可能是小偷。于是我偷偷跑到楼下，从猫眼处望了出去，眼前的一切还是昏暗的路灯，并没有所谓"贼"的迹象。

消停一会儿的敲门声让我稍微安心了一下，正欲要转身回到楼上的时候，敲门声再次传了过来。这次的力道稍显得重了些，因为铁门上有了"哐哐哐"的声音。

有点儿不放心的我，稍微打开了一道门缝，却见角落上一双荧光色的猫眼瞧着我。随后不及我反应过来，就看到这厮利落地跳到了我的头顶上，开口说了一句人话："快让我进去，外面冷死了！"

咦，刚刚、刚刚是猫在说话吗？

"在外面敲门的是你吗？"我小心翼翼地问道。

头顶上的猫咪用后腿弹了弹下巴的绒毛，很不屑地回答道："废话，除了我猫神大人谁会大半夜敲你家门？"

猫、猫神大人？

"那……为什么要敲我家门？"我约莫脑子短路，不然怎么会问出这样奇怪的问题。

一只猫咪会敲门就已经很奇怪了，何况是一只会说话的猫咪正坐在我脑袋上，一本正经地回答我的问题："自然是因为你踩到了我的肚子，我这一个月的寝食都由你负责。"

头上的猫咪纵身一跃，跳落到我的面前，它摇了摇尾巴，在灰暗的灯光下我看到的是猫咪胸口上银光点点的领结。看来是个绅士猫咪。

"本猫神大人在医院休息，哪有你这样又丑又不长眼的人类踩了我就过去的？幸亏我逃得快，不然九百九十岁的生日可过不了了。"

九百九十岁的生日？

难不成这个猫咪有九百多岁的高龄？

2.天晴大人你还要吃小鱼干吗？

天黑的时候，猫神大人不让我开灯，它默默蹲在靠窗的桌子上，凝视着外面。

我觉得它的背影有些严肃，外面漆黑的天空好像怎么都掩盖不住城市的喧闹，还有一种……死亡的味道。

我被自己这个想法吓得一哆嗦，然后就看到天晴——就是那只莫名其妙的猫神大人——周身开始冒出淡淡的烟雾。

它在身后不停摆动的尾巴渐渐开始发出莹莹光芒，它小屁股上的一条尾巴变成了九条，尾尖缓缓摇摆，散发着光芒。

"我要吃小鱼干。"天晴眯眼说道，"还有，不要用你那四百度近视的眼睛崇拜我，简直玷污了我高贵的猫毛。"

"……"听到天晴的话我简直感觉我的肚子迅速地胀开并随时能爆炸了！

随后不等我狮吼功展现，我就深明大义地选择了去厨房拿小鱼干。

不过！如果我的思维没有混乱的话，此刻在我房间里的，应该是一只有着九条尾巴的猫咪，而不是一个俊美的少年！

这少年端着猫神大人的食物直吧唧嘴巴："猫神大人的心爱小鱼干！"随即他轻蔑地斜视了我一眼："连本猫神大人都认不出来，果然是弱智的初级征兆。"

晴天霹雳！

猫神大人还能变成人！

他荧光色的双眸依旧不变，墨色短发蓬松而又好看，要命的是猫耳朵还长在脑际！黑色的斗篷一点儿都不显得突兀。

大概是我目光太灸热，他扭过头来冷冷地瞥着我。

"……那个，天晴大人你还要吃小鱼干吗？"

在我转身跑出去的瞬间天晴在身后准确无误地拎住了我的领子："现在已经不是吃小鱼干的时候了，答应我的事情也该完成了，走吧，拉低整条街智商的人类。"

说罢，就拎着我出去。

天晴沿着我窗户外那条宽阔的马路走了很久，周围各种嘈杂的声音慢慢退了去，建筑也开始变得不是我熟悉的样子，走在身边的天晴表情很严肃，我迈了一大步上前抓着他的袖口："我怕黑，非常怕。"

天晴大人的白眼还没翻完，远处就传来一声凄惨的猫叫，天晴的表情立刻变得凌厉起来，反手一扣，抓着我循着声源跑去。

夜很黑，小巷里只有淡淡晕黄的灯光，却足以看清角落里一只猫咪的尸体。我"啊"的一声捂脸转过了身，蹲在地上浑身发抖。我对猫咪的喜爱深藏在内心，一直觉得这么优雅的生物是神赐予的生命。但是现在却……

猫咪僵硬地躺在那里，眼睛睁得异常大，四只爪子都露出尖锐的指甲，毛都炸开，在死前一定遇到了令它非常恐慌的事情。

"还是来晚了一步。"灯光下的天晴反而只能看到一个轮廓。

"对不起……"如果我跑快一点儿也许就不会有这样的事情发生了。黑暗加上猫咪的离去使我有些软弱地流下眼泪。

天晴用脚尖踢踢我的小腿，"虽然猫神大人对于带你来这件事并不乐意，可是这只猫咪的离开不是你的错。注定的。"

我红着眼睛定定地看着他，天晴大概被我看得有些恼，眯起眼睛散发一种再瞪就挠你的傲娇姿态。

"我……"

"人类果然是被感情控制的低等生物，再哭会变得更丑的。"

我满脸的红疹子，一哭大概更红，我捂着脸起身，"是有人杀害了那只猫咪吗？"

"没错。"

"咦，这是为什么？"

猫咪死去对天晴来说是一件沉重的事情，即使他看起来无所谓，可是我一提起他的神色就会变得凝重。他眼神望向黑暗冷笑道："为了长生。"

我还想问些什么，天晴一个眼神立刻杀过来，"闭嘴，我要吃小鱼干！"

对于这样翻脸比翻书还快的傲骄的猫咪我只能红着眼睛吸吸鼻子表示赞同。

3.失去了宝物的猫神大人，大概这辈子也不过如此了

我找了一个环境好又安静的地方小心翼翼将猫咪埋了起来，整个过程我都在微微颤抖，天晴只说了一句"第六十九只了"。我不禁打了个寒战。

"三条尾巴以上的猫咪可以延长别人的寿命？"

"对。"天晴摇着尾巴。

"他为了自己能活不停地杀害小动物？"

猫神大人显然不喜欢小动物这个称呼，圆乎乎的眼睛瞄了过来。我不解，"即使这样，我也阻止不了他们要杀害猫咪呀！"

一只猫修炼一条尾巴需要大概一百年，在长出新尾巴时最脆弱，恶毒的人专门找那样的时机下手。

安静了许久的空气中突如其来地传来了天晴的声音："保护我度过九百九十岁的生日。"

保护天晴？可是，可是我连天晴都打不过怎么可以打

败丧心病狂的人！

"人类对付半进化物体，总归是应该有办法的。"猫神大人伸了个懒腰。

我吃惊道："是不是猫咪的逻辑思维都那么奇怪，什么是半进化物体！明明我是一个平凡的高中生，哪来对付半进化物体的办法，我连同班同学都对付不了！"

沉默了很久之后，天晴才说了这样一句话："不对，你有。还有……帮我平安度过生日。"

我忽然间窒息，大脑一片空白。如果以天晴的能力可以保护更多的猫咪的话……我一定会倾尽我最大的努力保护它！

黑夜迷蒙。

天晴似乎在夜晚就显得精神抖擞，而我却怕黑怕到发抖，突如其来的战栗占据了全身。

"人类都是胆小鬼，本猫神大人的衣角勉为其难地让你抓一下吧。"天晴转了身，将他的衣角露给我。

我一时没忍住嘴角弯了弯便抓了上去。

我们去的地方比较偏远，是郊区一个废弃的工厂。工厂里到处弥漫着灰尘和铁锈的味道。天晴顿住，在黑暗中扭头跟我说："去把工厂的大门关住，能出去的地方都要堵住。"

我僵硬地点点头，深呼吸两下关好大门，回头看到天晴向前弹起，落地后又像一阵风似的迅速向尽头跑去。

白色的衬衫还有天晴独特的眼睛，在这诡异的地方给了我一丝丝安全感。我找到楼梯跟了上去，还没走几步就听到一个房间传来属于猫咪低沉又痛苦的嘶吼声，我顾不得自己起来的鸡皮疙瘩加快了脚步。

黑暗中突然出现一个黑色身影，戴着人形面具，声音粗犷："猫神大人觉得带一个普通人就能够打败我吗？"

"我有信心她能战胜你，如若再伤害我同族，我一定百万倍地讨伐回来。"天晴的下巴微微扬起，眼神却坚定不移。

"天晴，我会告诉你今天的结果还会跟十年前一样的。赢的人只是我。"面具人冷笑一声，走向天晴。

而在角落的我都感受到了天晴身上散发出来的寒意。天晴以我来不及看清楚的速度迅速向面具人出击。

那人却在天晴到达的前一瞬快速地移动开来，天晴落了空。

"失去了宝物的猫神大人大概这辈子也不过如此了。"面具人嬉笑了两声，在下一秒就隐于黑暗之中不见了。

"我一定会找到你的！"

4.信念？保护天晴的信念！

人的智商分为好几等，但是像我这种思想境界不高，后天又不努力，却经过天晴一个月的严格培训后考得了年级第一，大概在老师眼中就称之为神之奇迹。

发生面具人事件之后，我也问过天晴面具人是谁。

不过天晴只是含糊地告诉我，面具人想要夺取三尾以上的猫咪，得到长生，如果他被杀害，那么这个面具人就真的是不死之身了。

我脑袋中满是理不清的思绪，待我抬起头之时，发现前一秒还是晴空万里的天空，下一秒已经是乌云密布。随即还未等我回神过来，教室一侧的向阳窗户上的玻璃竟然在顷刻间全部弹碎开来！

"这是怎么回事？"

我霍地一下站起身，环顾四周老师和同学居然仍在照常上课！我跑上前，讶异地发现自己的身体竟莫名地能从同学之间穿越而过！

"他来了！"

我听到熟悉的声音，回头的刹那，天晴的四肢纵跃站立在我的肩膀上。

"天晴，为什么我的身体能随意穿越？"

天晴用荧光色的双眸盯着破碎的窗户，咩了一口才回答我："这家伙让我们到了四维空间，我们所能看到的东西都存在于三维空间，而在四维空间经历的事情都属于神不知鬼不觉。就算我们两个在这里被消灭，三维空间传递的消息也是上报于失踪人口。"

"怎么会！"我吃惊地退后一步，这根本就是杀人于无形！

天晴未看我一眼，却问我："怕吗？"

"怕！"我死死咬住牙齿，"但是我会保护你的，天晴！答应你的事情，我一定一定会竭尽我的所有去完成，哪怕只能帮到你一点点。"

天晴的双眸微柔和："洛梓墨，遇到你，就是我九百九十岁最好的生日礼物了。"

"咦，今天是天晴的生日吗？"我惊讶道。

怪不得面具人要趁着今天动手，因为在今天之后，天晴就有能力反抗他，那么那个人也许再也无法得逞长生这种妄想了！

寒风呼啸着从破碎的窗户中毫不留情地吹进来，力量之大，使得我都睁不开眼睛。

"好久不见，我可爱的天晴，还有你身旁被你全心全意信任着的愚蠢人类。"嘶哑的声音从窗户边上响起，我浑身一个战栗，面具人来了。

天晴从我的肩膀上一跃，蹲坐在破损的桌面上，乍然间它的尾巴变成九条。继而一股强大的风代替了从窗户外面吹进来的寒风，紧紧地圈住坐在桌面上的天晴。

待我睁开眼睛的时候，天晴已经从猫咪状态变成优雅少年了。

"才十天没见，你就这么迫不及待地想被我消灭吗？"天晴扬起下巴，舒展了一下身体，"来吧，半进化物体的不完成体——修斯人类。"

面具人是人类？我深吸一口气，感觉全身都透不过气来了，人类为了得到长生伤害自己的猫咪……不，人类和他是不一样的！这个不完全体只是有了人的体态，根本没有人的心！喜爱猫咪，才是人与猫咪的契约，而不是相互残杀！

面具人向前一步，轻笑出声："哦？还未过九百九十岁生日的猫神，竟然主动邀战——那么，我就如你所愿。"

两股风之间相互摒弃，在空中像是结界一样擦出电闪石光。天晴手掌心似是展开的血红莲花一路蔓延，将修斯的后路全部封锁，然而修斯弹指之间漫天的冰花就从天而降，冰花触到血色莲花就迅速结块。

修斯的一个响指，就让裹住血色莲花的冰块在"哗——"的一声中碎成了渣滓。

杀害了六十九只三尾以上猫咪的修斯，在能力上确实提升了不少，连身为猫神的天晴都与他有着能力上的悬殊。

"十年前你就失去了宝物，你还有什么能力能和我对峙？"

修斯呵呵一笑，挥手间就显现了一股更为强大的风力，指尖隐隐透出光火，抬手顷刻就将一股无形的力量推送至天晴身上。似是慢动作一样，我看到天晴弓起了背部，狠狠吐出一口鲜血。

"天晴！"我跑到天晴身旁，看到他已经睁不开的眼睛，整洁的衣衫都变得破烂不堪。

天晴张了张嘴巴，勉强支起身体，将我推到身后，"洛梓墨，在你没有想起我之前，我是不会让你救我的。"

想起他之前？

我不明白天晴说的话，不过现在也没有心思想这句话的意思。修斯在我眨眼间就站在了我和天晴的面前，随后他摘下了猫咪面具——

面具的后面是一张猫咪的面孔。有着人的身形，却是猫咪的脸孔。

"天晴，只要我杀了你，我便能成为第一个从人类进化成长生的人和猫的转换体了。"

修斯墨色的眸子微微眯起，抬手的指尖立刻展现幽蓝色的火光。它这是要，这是要杀了天晴！不，这种事情我怎么可以允许它发生！

无论如何都不可以！

当修斯的火光在空气中蔓延的那一刻，我不知道哪里来的勇气，将毫无力气的天晴推至身后，一股无形的力量从我身体内沸腾出来。被我当成钥匙串的迷你玉质拐杖赫然显现在半空中，以它为中心是最闪耀的光点，逐渐延伸的柔和光线仿佛冬日里的阳光，把修斯的火光包围住，继而逐一吸收，此时他脸上的猫咪脸孔竟一点点脱落。

"你、你这个人类哪里来的猫神大人的宝物！"修斯不敢置信地跨近一步，"天晴都将这宝物丢了十年了！"

"不，是从来没拥有过。"天晴半眯起眼睛，虚弱地靠在墙壁上，"这东西向来只传给正统的猫神大人，猫神大人是因被喜爱猫咪的人类所供养，才会被称之为猫神。"

他们的对话让我无法理解，如果天晴不是猫神大人，那么谁才是？

天晴凑到我耳边，用尽力气吼道："洛梓墨，保持着这样的信念，再一次挥动拐杖的能量吧！"

信念？保护天晴的信念吗！

就在此刻，我看到天晴用了全身的力气拿起半空中的拐杖，点脚之间一跃，将拐杖重重地插入了修斯的心脏！

待我回过神的时候，拐杖的光芒已经变成了一个芒点，而修斯的身体也被一一回收，直至不见。

"人有罪恶，才会得不到想要的东西。"

天晴的身体随后便从空中坠落下来，我跑到它旁边的时候，发现天晴已经变成了一只猫咪，受了重伤的天晴大概是没有更多的能力保持人的形态吧。

5.咦，我完全不记得嘛！

休养了一周的天晴活跃程度简直就是满点，时不时飞来一脚已经是常事。我摸着被踹疼的脑门儿，问了一个想了很久的问题："上次修斯袭击你的时候，你说的'洛梓墨，在你没有想起我之前，我是不会让你救我的'是什么意思，我们之前见过吗？"

天晴拿起一条小鱼干塞进嘴巴里："遗忘是人类的本能，猫咪可是知恩图报的。"

"什、什么？"我摸摸后脑勺儿，"跟我怕黑有关？"

天晴啧了啧嘴巴，斜眼望着我："大抵就是在十年前某个月黑风高的晚上，遇上了修斯正要杀害受了重伤的猫神大人我。七岁的你用胆小如鼠的勇气阻止了修斯，只有拥有足够的信念和勇气，才能打开拐杖的锁，你现在已经拥有了这些。"

"咦，我完全不记得嘛！"

"所以我才说你就是个忘恩负义的家伙呢，哼！"

许我向你走过去

陌浅狸

1

女生出现的时候陆远扬刚下客车，拖着笨重的行李在出站口找公交岛，酷热的天气让Y市比以往更加躁动，空气里都浮动着喧嚣的尘埃。

接待处早已挤满了人，大部分都扶着栏杆焦急张望着。女生不知从哪个方向小跑过来，一把提住他的行李箱："同学，看你这手提包是K大的新生吧？来来来，跟我走，我是接新生的学姐，这个小车站有点儿绕，我带你去坐校车。"

陆远扬皱着眉微微打量眼前这个穿着K大学生会会服的女生，现在接新生的都这么热情吗？不是骗子吧？

像是猜出了陆远扬的疑惑，女生麻利地从口袋里掏出一张学生证，豪气地举到他眼前："喏，外语系二年级，你学姐，这是学生会会徽，还有我的工作证。为了接你们，我们可是六点钟就过来等了呢。"

陆远扬仔仔细细地看了学生证和会徽：桑涵，日语系1202。再看了看眼前这个扎着高高马尾露出光洁额头的女生，这才点头默认跟着她向前走。

果然没几步就看到校车，几个也穿着会服的人正在帮新生搬行李，车上已经零零散散坐了一些学生。

出发去学校的途中桑涵站在陆远扬旁边唠叨了很多：学校很大不要迷路了，才开学也许会不适应，大一的时候还是好好学习考证比较好……

陆远扬好多次想讲些什么，但还是在她热情洋溢的介绍中噤了声，听吧，多了解点儿学校也不是什么坏事。

下车后桑涵依旧滔滔不绝："学校这学期才装了空调，你们军训回来就不会热了，要交电费你们就去学生事务中心。对了，学弟你吃辣吗？二食堂的菜既便宜量又足，就是辣了点儿……"像是想起什么，女生猛地一拍额头："你是哪个系的啊？得先去报到才能领蚊帐被子，我先带你去报名处。"

男生沉默了很久，才幽幽地回答："其实……我今年大三。"

……

许我向你走过去

桑涵惊讶地瞪大了双眼，老半天反应过来后哈哈干笑了两声："学弟，呸呸呸，学长看起来好小啊，哈哈，我还以为你是新生呢！"

"刚刚一直没好意思讲，对不起。"

"没关系……那我先忙了学长，有机会再见。"桑涵想死的心都有了，她现在只想像乌龟一样缩进壳子里，所以说了再见就匆匆向另一个方向走去，十米之外依稀能听到她的哀叫声："丢死人了。"

陆远扬无奈地摇了摇头。

2

桑涵再见到陆远扬是在学校的图书馆内，她被大学英语的翻译作业折磨得整天哭丧着个脸。照平时她是在图书馆怎么都待不下去的，按她的话说，图书馆乃是一圣地，她等凡夫俗子不可妄进，偏偏那日语老师又是出了名的灭绝师太，每期布置的作业都出奇地变态，所以不得不去图书馆。

哪知刚进去就在一楼的期刊阅览室看到盘点新书的陆远扬，似乎忘了上次丢脸的事情，她试探性地拍了一下男生的后背，在男生回头的时候得意地扬起她那两根弯弯的柳叶眉："哈，我就看背影像你。"

"嗯。"陆远扬倒是平静得很，吐出个字后就再没了下文。

"哎，我来做作业，我们的翻译作业可难了，那个老太婆真的是太过分了，整整四页！不带这么坑的……"女生又噼里啪啦讲开了，完全没有发现对面男生微微蹙起的眉头。

陆远扬有点儿汗，她还真的是自来熟啊。

"我先去写作业了，明天交不了又要被那个老师骂。"似乎想到了被骂的情景，桑涵在温暖的室内打了个冷战。

晚上九点半，图书馆还有半小时闭馆。桑涵依旧坐在那咬着笔头一副苦大仇深的模样，桌子上零零散散已经堆了好几本书，还有几张A4纸被揉成一团放在旁边。

陆远扬环顾四周，人都走得差不多了。

"你这个句子不能这样翻译，在英语中这应该否定前移，把这个宾语放到后面。这个单词你拼错了……"

陆远扬一开始只是俯下身子指点两句，到最后干脆就坐在桑涵旁边指导。好闻的洗衣粉味通过电风扇直直地传进桑涵的鼻子里，陆远扬讲的东西她都听不下去，只能机械地点头，原来是这样啊。

半个小时之后桑同学终于大功告成，拉着男生的手不停表示感谢，一副眉开眼笑的模样。

向来与女生礼貌疏离的陆远扬这次破天荒地笑了，嘴角扯出一个动人的弧度："就当上次你介绍学校的还礼了。"

桑涵看得呆了。

那之后，桑涵跑图书馆的次数越来越多，有事没事都要蹭个半天，找各种理由与陆远扬套近乎。闺密姚乐乐获悉到这一惊人的转变后立刻揭穿她："老实交代，在图书馆看上哪位帅哥了，你这学渣不可能每天跑这么勤快啊，我是不会相信你转性的。"

桑涵故意捂着小脸扭捏："哎哟，不要说出来嘛……"

"哟，还真有情况啊。是谁？长什么样？哪个系什么专业的？"

桑涵皱着眉想了半天，最后惨兮兮地回答不知道。

姚乐乐一个枕头砸过去："你傻呀，知己知彼方能百战不殆，你要了解他……"

在姚乐乐的怂恿下，桑涵成功通过图书馆的朋友搞到了陆远扬的第一手资料，计算机系三年级软件设计专业，1992年11月出生，天蝎座，没有女朋友。

最让她措手不及的是，陆远扬是个孤儿。

3

告白是11月的事情了。当桑涵无意识地在酷狗音乐上搜陆远扬的名字时，她觉得自己彻底没救了。姚乐乐在旁边看到她一副魂不守舍的样子只觉得恨铁不成钢，撂下狠话："你啊，现在不主动点儿，等到他名草有主的时候你就后悔吧。你还不要觉得女追男隔层纱，今时不同往日，现在这男生也傲娇得很，不来点儿大绝招是搞不定的……"

桑涵被她唬得一愣一愣，急得快哭出来："那我怎么办？还有没有机会了？"

"我平时怎么教你的？先不要慌，要下手为强就得先在他这块地上插上旗子，告诉别人这是你的领地，吓退其他的进攻者。再者，该怎么插旗子？喏，告白咯，让其他人都知道这是你的菜。"

"那……要用什么样的方式……"桑涵此刻已经晕头转向，她只想知道最终的解决方法。

姚乐乐喝了一口水又开始即兴演讲："写情书太俗了，当面说我猜你也做不到，在论坛发帖也太不正式，告诉你，最得体的就是……广播！"

于是在某个清风朗朗的第二节课下，桑涵拿着一张写着表白内容的小纸条直冲广播室。估计是平时照本宣科的材料读多了产生厌倦，广播室的主持人在听到缘由后比她还热血澎湃，拿着纸条就豪情万丈地读起来："下面播报一则表白，咳咳，计算机系软件1101的陆远场同学，我是桑涵，我暗恋……"

旁边的女生就急了："是陆远扬啊不是陆远场，完了完了，名字都给人念错了，别说表白了，人家肯定不乐意搭理我了……"丝毫没有注意到话筒的指示灯是亮着的，女生急急的声音就通过麦克风传到校园的每一个角落。

第二节课下这个点，有课的学生下了课，没课的也醒了，所以就是说，在学校的人都能听到……

这个英勇事迹立刻被人发到论坛贴吧及空间内，校友纷纷跟帖表示女生的勇气可嘉，坐等男主角现身，每个人都是一副看好戏的心态。

外语系的桑涵一战成名。

出师未捷身先死。

她不知道这件事是怎么被同学们添油加醋大肆宣扬的，就连公选课毛概的老头儿叫她回答问题时也在课上问："桑涵，你和陆远扬同学怎么样啦？"底下的人纷纷起哄，老头儿的眼角也笑成一个弯弯的弧度。

桑涵一瞬间羞红了脸，恨不得挖个坑跳进去。众目睽睽之下，她听见自己嗫嚅："还没追到……"

至此，日语班的桑涵二战成名。

4

这事件的男主角却始终都没有现身，一天，两天，三天……陆远扬像是从这个世界蒸发掉。

桑涵不淡定了，每天都趴在阳台望啊望，期待可以见到那抹熟悉的身影。姚乐乐让她不要操之过急，要放长线钓大鱼。桑涵又等了两天还是毫无动静，她坐不住了，晚上就找去图书馆，她跑了整栋楼就是找不到陆远扬。她问新来的馆委员，谁知得到陆远扬已经不在这里工作的回答。

桑涵蒙了，为了躲她么？不至于吧？

她不死心，不辞辛苦地找到他电话，打过去永远提示您拨打的用户已关机。

……

她记不得自己是怎么走回寝室的，脚像灌了铅一般沉重，平日图书馆到寝室十分钟的距离，这一次竟走了半个世纪那么长久，明明有路灯路却黑黑的像看不到尽头。

第二天下午桑涵在男生寝室门口等了很久才堵到陆远扬，明明一个星期没见，她却恍若隔世，心钝痛起来。

"我们不合适。"还没等女生说明来意，陆远扬就轻飘飘吐出这五个字。

桑涵急了："你又没有试过怎么知道不合适？我知道你担心什么，不管你未来什么样，也不管你现在背负什么，我都愿意陪在你身边，这是我的决心。陆远扬，你不能就这样判我死刑，你还没有看到我的好，你还不知道我有多长情……"

男生顿了顿才缓缓开口："桑涵，我马上就去贵州了，西部教育计划，首签约期是一年。我们……不可能的。"

"我可以等你啊，我不介意等你的。"

"桑涵，那是你一个人的爱情……"

桑涵没有像以往那样絮絮叨叨，失落地耷拉着脑袋往回走，一步一步像踩在陆远扬的心里。

他一直是理智到不行的人，所有事情都会详细计划。得奖学金到学生会竞选，再到入党，他都一步一步把事情稳定在自己的可控制的范围内。毕业、考研、工作……他详细且稳定的计划里，根本没有桑涵的存在。对他而言，爱情是奢侈品，他根本消费不起。所以，趁一切还没有到不可挽回的地步，那就让她断了这个念头吧。

能怎么办呢？

那天回到寝室，桑涵狠狠地哭了一场。哭到心痛不能自已的时候，桑涵仿佛看见那个晚上，陆远扬站在她对面，眉毛微微上挑温柔地冲她笑。

心动真的是一瞬间的事情。

后来桑涵查了一下他要去的地方，G省A市，火车二十七个小时，飞机四个小时，汽车二十五个小时，不管她想不想，他们都隔着漫长的一千八百公里。

姚乐乐得知此事后不停让桑涵放弃，谁知她倔得像拉不回头的老牛，无论姚乐乐怎么劝都一心朝向陆远扬。

她从小就是一个偏执的人，喜欢吃的菜永远是那一道，喜欢的衣服永远是那个色系，喜欢的小说永远是一个类型，喜欢的人也是，光是遇上就舍不得再转身。

5

桑涵没有放弃，她每天准时地给陆远扬发信息，有时候为他预报天气，有时候是自己发生的趣事，有时候是不知所云的自言自语，三个月下来一天不落，发件箱里堆着满满收件人为陆远扬的信息。

她固执地认为，只要功夫深，铁杵磨成针，精诚所至，金石为开，陆远扬总会有所转变的，起码她要让他看到自己的决心。

可是意外发生的时候，谁也没有预料。

那是陆远扬下乡的第三个月，桑涵在寝室上网，屏幕下方突然弹出一个新闻窗口："A市平坝县遭暴雨，山体泥石流滑坡，十九人遇难、四人失联。"桑涵蒙了，那不正是陆远扬下乡的地方么？

她第一时间给陆远扬打电话，怎么也打不通，像亿万只蚂蚁爬上心头般桑涵一瞬间乱了阵脚，陆远扬是孤儿啊，没有人牵挂他的平安，没有人顾及他的死活……

十分钟内桑涵立刻做了一个大胆的决定，她要去找他。他不喜欢她不要紧，但他至少要平安地活在这世上；他不在她身边也不要紧，但他至少要健康地存在于世上的某一个角落才行。她一定要去看他一眼。

许我向你走过去

109

没有丝毫犹豫，她立刻订了一张最早去G市的机票，收拾好东西，中午十二点的飞机，落地已是下午四点，立刻转乘大巴车去A市。到平坝县的时候已是傍晚七点，雨势从小慢慢转成倾盆大雨，桑涵一路打听遥平村的希望小学怎么走，直到好心的村民为她带路。

此时陆远扬正在安排的房间备课，手机因为时起时伏的信号被迫关了机。

外面有人咚咚敲门："陆老师，有人找你。"

陆远扬应了一声披件外衣就往外走，心里疑惑，这里会有谁找他呢？

开门，心里一惊。

桑涵浑身湿湿的，乌黑的发丝紧贴在脸上，直往下滴水。

还没反应过来，陆远扬就被女生紧紧抱住，她的手臂带着雨后的清凉直触陆远扬的心底，湿湿的，凉凉的。他低下头去，女生卷起的裤脚溅满了泥滴，鞋子下面还拖了一圈水渍，难以用语言形容，一种前所未有的感动在他心底蔓延开来。

"你没事我就放心了，我就抱一会儿，你先不要推开我。"一直悬在半空的心在看到眼前这个朝思暮想的男生后终于放下来，他没事就好。

陆远扬微微叹了口气："当真，这么喜欢？"

似乎没有意料到陆远扬会这样反问，怀里的女生吸了吸鼻子低声道："是啊，喜欢，喜欢得不得了。"

"要不，试试吧。"

桑涵惊愕地抬起头，眼里满是化不开的浓雾："此话当真？"

陆远扬轻轻地点了头。

每个人都趋于现实的温暖，他也不例外。他总以为她只是一时兴起，像别的女生那般热情消失殆尽后便觉得索然无味，然后消失得无影无踪，然而她却一次次坚持，用一颗无所畏惧的心固执守在他旁边。

他知道，这场大雨终将过去，而彩虹也会温柔地挂在天边，见证这段奋不顾身的爱恋。

爱情的确是奢侈品，但真心永远值千金。

菱角姑娘的夏天

菱角姑娘的夏天

流岚是雾

林菱讨厌菱角这种食物，在遇见罗蒙之前。

林菱和菱角的结缘甚至可以追溯到当她还是一颗受精卵待在她妈妈的身体里时。

林爸年轻的时候就开始种植菱角，后来娶了林妈，再后来林菱和弟弟出生了，长大了，上学了。这么多年，家里的一切经济来源都靠池塘里那些不知繁衍了几代的菱角。

可是林菱讨厌菱角，她讨厌菱角的原因很简单，如果你从小到大的生活里，每天都有某种东西的身影，甚至连你的名字都被冠以它的名，相信没有几个人会对这种东西有无限的热情的，尤其是像林菱这样十七八岁的女生。

十七岁的林菱每天在帮着她父母采摘菱角，清洗污泥，剥掉菱角的壳，心里渐渐地厌烦起来。

由于常年接触菱角，林菱的手指头被染成了紫黑色，还总掉皮，尽管指甲每个星期剪一次，却还是有点儿脏兮兮的样子。

林菱可以忍受菱角几乎每顿出现在餐桌上，霸占她几乎所有的课余时间，没办法，她知道全家人都要靠它养活，她和弟弟的学费也要靠它，可是当再一次被人用异样的眼光盯着手看之后，林菱脑子里只剩一个想法：我恨菱角！

为什么我要每天醒来就看到它，为什么我的手不能像其他女生一样干净然后可以涂上漂亮的指甲油，为什么就连我的名字里也要有它的存在！

带着这种不满情绪的林菱迎来了她高二的暑假。

当父母要她暑期去上辅导班的时候，林菱开心得要跳起来，这样的话，她就不用整个夏天都与菱角为伴了。

那一刻，她真庆幸她快要上高三了。

辅导班上课的老师听说都是全国重点大学的学生利用暑假出来兼职的，给林菱他们这个高二班辅导的是个阳光帅气的叫罗蒙的大男生。

林菱第一次上课时就移不开目光了。

罗蒙是他们市的高考状元，他会唱歌、打篮球，画也画得特别棒，听说在大学里就是一个风云人物。这些都是林菱在女生们八卦的时候一点点收集到的。

大概每个青春期的女孩子都会对美好的事物心生向

往，比如白马王子，比如骑士。

林菱很清楚地知道自己和辅导班的那些犯花痴的女生不同，她是真的喜欢罗蒙，这个笑起来总给人一种温暖感觉的男生。

也许是在他坐在林菱身边低声给他讲解题目时，也许是在他拗不过起哄的男生女生而闭着眼睛唱起歌时，也许是在大家一起玩闹而他爽朗地笑着时，一切的一切，看在十七岁的林菱眼中，刚好正中靶心。

林菱并不内向，和别人的相处一向落落大方，但当她在辅导班时却不再像以前一样大着声音开玩笑然后和别人一起笑得东倒西歪毫无形象，有罗蒙在的场合，她比以前文静多了。

在喜欢的人面前都会尽量让自己变得矜持，这是每个女孩子的通病，但没什么不好的。

林菱觉得这个夏天真是美好，就连菱角看起来似乎也没那么讨厌了。

每天的辅导课让人期待，而休息时间总是女生们围着罗蒙叽叽喳喳的时候。

那天和往常一样，一群女生围在罗蒙身边要他说一说大学里的事。天气那么热，女生们也不嫌那么多人聚在一起闷得慌，偶尔有趴在桌上纳凉的男生看不过去揶揄两句，就会收到女生们锋利的眼刀，再不敢吱声。

罗蒙和她们聊着，没有一点儿厌烦的样子。

林菱没有过去，她在做一道休息前罗蒙未讲完的题。罗蒙成绩那么好，她也想要在他面前表现得好一点儿。

　　站她桌边的女生在笑闹之余不经意地一瞥，就看到了林菱书上一角的东西。

　　"哎，林菱，你这书上写的什么啊？"她一边问一边凑过来，林菱要阻止也来不及了。

　　那个女生一边看还一边说出来："嗯，画着一个爱心，后面写着'罗蒙'，咦，林菱，你该不会喜欢罗蒙哥吧！"后半句的音量已经大到让全部人都望了过来。

　　那个女生还用着一种播报新闻的语气说："林菱，你不会是喜欢罗蒙哥不敢说吧？"那一刻，林菱真的很想用手上的书拍死她。

　　女生们都围了过来，又是一番叽叽喳喳。

　　"哇，真的是哎！"

　　"林菱，你不会真的喜欢罗蒙哥吧？"

　　就连男生们也过来起哄："难道这就是传说中的暗恋？！"

　　林菱真后悔昨晚做题时心不在焉写了这个，可是隐隐的，她又有一丝期待。

　　"喜欢怎么不说出来？林菱别害羞，罗蒙哥就在这里，过去说一声不就得了！"然后不知谁把她推到罗蒙身边。林菱觉得自己的脸都烧着了，罗蒙笑着看了看周围的同学，然后说："你们别闹了，让你们的许姐姐知道了可饶不了我。"

所谓许姐姐，是和罗蒙一起兼职的同学之一，长发的漂亮女生。

这下周围的同学都炸开了。

"原来罗蒙哥和许姐姐是一对啊，保密工作做得真好！"

"就是就是，郎才女貌啊！"

林菱感觉自己好像要中暑，可是在罗蒙语带歉意地问"没有给你造成困扰吧"的时候，还要笑着说："没有啊，本来就不是这样的，是大家误会了。"她对周围还在起哄的同学说："真是的，你们真会指鹿为马，没看见我画的是一个菱角啊，什么眼神？我妈昨晚让我今天带些菱角过来给罗蒙哥和你们吃，我怕忘了，就做个记号，没想到今天还是忘了。这么久的同学你们不知道我家是种菱角的啊，明天的菱角都取消了！"接着在一片哀呼声中对罗蒙说："罗蒙哥，明天我带菱角给你吃。"

这么长一段话说下来，语气自然，笑容自然，只有她心里清楚地知道，指鹿为马的人其实是她。

高一的时候林菱学过一篇课文，叫《菱角的喜剧》。那时她一边读一边想，菱角在我的生活里就是一出悲剧。可是在那个时候，她想，好在我家有菱角，好在那些菱角只长着两个角，而不是《菱角的喜剧》里那些长着三个角甚至四个角的。

真是觉得侥幸啊，即使她心里苦涩得都想哭出来了。

林菱没有想到，她所讨厌的菱角有一天会让她避免一场尴尬。那一刻，她无比感激世上有菱角这种东西。

那天回到家，林菱用小刀剥着菱角壳的时候，拿着一个菱角看了半天，最后扯出一个苦笑：果然长得像一颗心，可惜是没人懂的心。

林菱带了菱角去上课，把煮熟的一大袋菱角分给同学，然后拿出一份菱角煮的糖水端给罗蒙，"罗蒙哥，这是我煮的，你尝尝。"在大家一片"林菱你偏心"的不满声中看着罗蒙把那份糖水喝光。

"很好喝啊林菱，谢谢啦！"罗蒙笑着说。

"不用，只要你觉得好喝就好，明天我再给你带。"

"那怎么好意思？"

"这有什么，天天带最多也就几十天，罗蒙哥你又不会一辈子留在这里，吃不穷我家的。"她只是想要在有限的时间里在他心里留下一点点东西，哪怕日后他想起来时只会记得吃过的这几十天的菱角也好。

十七岁的女生心里满是苦涩。

林菱第一次对菱角这种以前她嗤之以鼻却又不得不接触的东西产生了奇怪的感情。当她每天娴熟地剥掉它乌黑的壳，露出里面白色的果实时，她总会有一种感觉，好像剥的是她自己的心，然后还要料理得美味可口，再亲自把自己的"心"送到喜欢的人嘴边，而那个人对此却一无所知。

　　她渐渐地把自己不能诉之于口的感情寄托在那一个个心形的菱角上，一方面希望用菱角在罗蒙心里留下不可磨灭的印象，即使不是关于她林菱，而是某种东西吃太多一提起来就厌恶的印象也不错；另一方面她又抱着一丝期待，期待着罗蒙在哪一次吃菱角时就能突然明白她的心意。

　　她真希望菱角能是样灵丹妙药，解了她的愁苦。

　　可惜菱角就只是菱角，虽然它长得像颗心，但它确实不具有让人吃了就心意相通的功效。

　　即使高温天气里还要补习也减退不了大家对暑假的热情。每次辅导班才下课人就几乎跑光了。对于长在乡村的孩子来说，夏夜总是有更多的趣事可以做。

　　林菱在位子上磨蹭着收东西，近来她总是这样，在有罗蒙在的地方总是以各种理由多待一会儿，哪怕不能和他说上话。

　　收好东西，罗蒙刚好给一个女生讲完题目，见她还在，就走过来。

　　"林菱，听他们说你家有种菱角的池塘，能不能带我过去看看？我还从没见过种在水里的菱角呢，想看看顺便画几张画。"

　　结果他们就去了林菱家最大的一个池塘。

　　他们把摘菱角的小船划到池塘中间，身边被长势良好的浮在水面的菱叶所围绕。

林菱看着罗蒙拿着画板和画笔不停地描描画画，衬着放眼望去一片碧绿的菱叶，在她平时讨厌来的菱角池里，心里的那些苦涩竟然淡了些。

"罗蒙哥，你能不能画一张给我？我也想看看我家的这些菱画在纸上是什么样子的？"

罗蒙看着她点点头："当然可以，就算你不说，我也想着要送点儿什么给你，毕竟吃了你们家那么多的菱角，吃的我都快觉得自己是吃白食的了。"

"我家多的是菱角，你就算吃一年也吃不完，这水里总是还会再长的。我就是担心吃多了你以后会不会就不喜欢吃了？"林菱眼睛亮亮地问着。

"傻丫头，我又不是每顿都吃，哪有那么容易就讨厌？"罗蒙笑着说。

"那明天起我就餐餐给你送，让你吃到以后一想起来就犯恶心。"

"那你尽管送过来，我让你看看你罗蒙哥的胃和神经有多强韧，才不会因为吃多了几顿菱角就再也吃不下。"说着，还做了一个夸张的动作，逗得林菱哈哈笑。

结果当然没送成。几天后，高三提早开学，高二的暑假就这样无声地结束了。

林菱再见到罗蒙时，已经是他们一群人要回学校迎新的时候了。

临走时罗蒙递给林菱一个袋子，笑着摸摸她的头就上车走了。

有些人，你从一开始就知道分别之后再无相见之可能。所以，没有太多的告别语或许会更好。

林菱跑到那个池塘去，一个人坐在小船上，拿出了袋子里的东西。

一幅素描，一支护手霜，一封信。

　　林菱，答应送你的画，还有一支护手霜，我看你的手到了冬天应该会干裂得厉害，就买了一支给你。别说大夏天的送什么护手霜，这不是你罗蒙哥要走了吗？要是能待到冬天我肯定会来个"雪中送炭"的。哈哈！其实是我想来想去，不知道要送什么给你。（摸鼻子）

　　谢谢你这些日子以来做的那些菱角糖水，真的很好喝，我以后也不会忘的，谢谢！

　　好了，希望有机会再见吧！

林菱把那幅素描展开来，那上面一个女生坐在小船上，身后是大片大片的菱叶，女生的脸上洋溢着笑容看着前方，好像前方有什么吸引了她全部的注意力。

画的背面写着一行熟悉的字：终有一天你会遇到你喜欢而他也喜欢你的人的，勤劳的菱角姑娘。

那之后，林菱每天面对最多的东西从菱角变成了书本。

但林菱还是会抽出时间帮父母采摘菱角，这在以前的她看来是不可能的，或许是因为她终于发觉菱角其实也挺可爱的。

也许在将来的某一天，林菱回过头来看，会觉得这样喜欢一个人是一件不可思议的事。不管那个人在时光的尽头还会不会记得有那么一个喜欢他喜欢到每天熬菱角糖水给他喝的菱角姑娘，但至少她会记得。

相信见证了一切的这个夏天，也会记得。

橘　子

水　而

1

蓝点收到了一个橘子。

一个大大的笑脸在橙黄色橘子皮的衬托下显得格外可爱。

蓝点往四周看看，周围的同学不是在认真读书就是在抽屉里找书。没有一个人和蓝点对上目光。蓝点讪讪地坐下，从书包里掏出英语书认真早读。

会不会是同桌送的？

蓝点在做三角函数题目的时候突然地浮现这个想法，蓝点余光瞥过正在奋笔疾书的同桌，又马上在心里否定了。她是那种一分钟恨不得掰成两分钟用的学霸，怎么可能花几秒钟的时间画一个笑脸呢？

会不会是斜后桌的男生？他经常问英语问题，会不会是觉得麻烦别人了才送的一个橘子呢？

蓝点课后慌乱地向他扔了一张纸条，男生疑惑地打开，看了问题后觉得莫名其妙。

　　你昨天有买过橘子吗？

蓝点是这样想的，如果他昨天买过橘子，那么八九不离十就是他了，如果没买过，那么一定不是他了。

蓝点打开男生回过来的纸条，答案既不是Yes也不是No，而是一句很简单的话："我讨厌橘子。"

蓝点立刻否定了他。一个不爱吃橘子的人怎么可能送别人自己不喜欢的东西呢。

会不会是送错了？

蓝点闭着的眼睛突然睁开。

真的是一个橘子引发的"谜案"啊。蓝点几乎一天都在想那个莫名其妙的橘子到底是谁送的，就连睡觉都不安稳啊，闭上眼睛都会想到底是谁送的呢？

可能真的是送错了呢，不小心放错了抽屉，又当着抽屉主人的面不好意思拿出去。

明天再看看吧。

2

橘子的确是送给蓝点的，第二天蓝点发现抽屉里有两个橘子，除了昨天的那个，另一个画了一个龇牙的表情。接着第三天、第四天，抽屉里都会出现一个橘子，不同的是上面的表情不一样。后来蓝点发现如果前一天遇到什么不开心的事情，后一天橘子上的表情便会让人捧腹。蓝点想揪出那个人，于是早早地来到学校，出现的结果是两种，如果早上抽屉里没有橘子，蓝点也不知道什么时候橘子就出现在那里了；要么就是一大早橘子已在抽屉里，但是教室里却一个人也没有。

蓝点心安理得地每一天吃一个橘子，在吃之前蓝点会用中性笔加重橘子上的表情，然后把橘子按在纸上，蓝点一直在收集橘子上的表情，高中毕业前，蓝点已经收集了好多表情。但是，直到高中毕业，蓝点也没找到究竟是谁日复一日地送橘子。

3

蓝点去了武汉这座城市，夏天的炎热、冬天的凛冽始终让人不习惯。好在校门口的流动小贩总会贩卖应季的水果，橘子占大多半，蓝点每次回学校的时候总会买一斤多的橘子，分给室友后，剩下的蓝点总会在晚上边看着表情册边吃。蓝点是个怀旧的人，9月来学校，在家里的一大堆书中蓝点就带了这一本表情册，蓝点有时候在想会不会不知道是谁送的橘子也是一种美好呢，知道在那些平凡无奇暗淡的高中时光里，不起眼的自己也被别人偷偷喜欢过。

　　大学里的人好像都不甘寂寞地找了另一半，寝室的妹子有一个有了男朋友，每次约会回来总是会细数约会过程的点滴，蓝点这时候总是将目光从手机屏幕上移开，头转向那个妹子，听她讲那些恋爱故事，也会和寝室的其他妹子一起附和"好幸福"这种话。这时候，蓝点会想到那个匿名的橘子先生。

　　突然的告白是在4月。武汉这座城市即使空气中尽是喧闹浮躁，但是有樱花和武大就足以获得世人的赞美。收到短信是周五的下午，蓝点还记得当时的天气，空气中满是暧昧的气息，寥寥的樱花花瓣飞舞空中。短信寥寥数语："一起去武大看樱花吧……江一。"其实中间还有句日文，蓝点让学日语的朋友帮翻译了一下，那句话是：我喜欢你很久了。

　　蓝点没有去看樱花，当第二天差不多十点多的时候，那个人的电话打来，很好听的声音。

　　"我们去看樱花吧，我在你宿舍楼下。"

　　"我出去了，今天有事。"蓝点说出了自己早就想好的借口。

"这样啊，太可惜了。"

"嗯，是啊。"

电话那头突然没了声音。

蓝点从耳边移开手机，移到眼前按了挂断键。

蓝点走到窗前，用窗帘遮住自己大半边身体，偷偷往下面看。

应该是个很阳光的男生吧，蓝点这样想着。

4

该怎样形容这样的感觉呢？

江一会找各种借口来约会蓝点，蓝点总是会找各种借口拒绝江一。

其实很想去，但是那种不自觉就拒绝的感觉，很美好。

江一最后孤注一掷在蓝点的宿舍楼下进行了告白。

那种暖色的光摆成的一颗心，旁边还有一个吉他手弹着很好听的《遇见》。江一站在烛光里深情款款地告白，蓝点被室友推搡到窗口，就看到江一的周围围了一大群人，嘈杂声夹杂江一的声音到蓝点耳边就差不多是什么一直想约你出来，只有最后的一句"我喜欢你"叫得震天响。

蓝点还是接受了。

以在一起的名义牵手，以在一起的名义接吻，以在一起的名义看电影，以在一起的名义约会……

可是蓝点觉得好像少了点儿什么，好像还要补上少的那一点儿东西，好像就圆满了。

缺什么呢？

蓝点一直都想不通，就这样不温不火地在一起。

5

蓝点周末找了一份兼职，在超市推销酸奶，端着试吃样品的盘子面带微笑对往来的行人说，欢迎试吃啊，我家的酸奶味道很赞的。

从上午九点一直站到晚上七点，中间一个小时的吃饭时间，一天下来都感觉笑也笑不出来了，腿也僵硬了，不过当蓝点拿着一百块钱钞票的时候，心里还是高兴的。

蓝点从超市门口走出来的时候，江一牵过她的手。

"今天一直站了八个小时，我发现我腿都快废了。"其实蓝点想说，"江一，你背我吧。"

"是啊，赚钱本来就是不容易的嘛。"江一玩着手机心不在焉地回答。

"嗯，因为穿着高跟鞋一直站着，也不能休息啊。"江一，你快说我来背你啊，"而且那个管酸奶的阿姨啊，盯得挺严的。"

江一边听蓝点这样断断续续地说一边刷着空间，一直走到学校门口，也没有说蓝点想听的那句话。

"等一下。"

蓝点叫住江一，在水果摊上挑着橘子，江一喜欢吃提子，选了一串递给小贩。

蓝点感觉包包里手机震动，一边打开拉链拿出手机，一边合拢塑料袋对小贩说："就这些了，您称下。"

是室友的电话，说让蓝点带一份炒饭。蓝点把手机放到包里，对江一说，走吧。小贩突然说："大妹子，你这些橘子还要不要啊？"蓝点看了一下旁边正在低头玩手机的江一，他的手里提着刚刚挑选的提子。蓝点明白过来，从包里拿出钱包递给小贩，笑着说："不好意思啊，刚刚接了个电话。"

蓝点接过橘子，马上剥皮吃了起来。这橘子可真酸啊，蓝点这样想，酸得眼泪都快下来了。蓝点觉得手中提着的橘子就像肉刺刺在心中，一呼吸都会觉得心都是痛的。蓝点明白他们之间缺少的是什么了。

如果一个人真心爱你，你是绝对感受得出来的，他爱你，不会让你受累，会主动为你提包，用心去呵护你照顾你，不需要你提醒他。

蓝点脑海里突然浮现出很多事情，看电影的门票是自己买的，出去吃饭是AA，就连平时在校门口吃的外卖也是各出各的钱，江一不仅没主动付过钱，也没主动背过包。蓝点觉得心里一抽一抽地疼，心酸。

蓝点从那以后就慢慢不再联系江一了，江一呢好像感觉到了蓝点的疏离也没有再主动去约蓝点。蓝点的初恋就这样不了了之，蓝点觉得好可惜，人生第一场恋爱无疾而终。

6

蓝点买了好多橘子，在每一个橘子上面画了表情。然后一字排摆开，拍了一张发说说。

下一秒，手机震动，有人在说说底下评论："周文现在还送这个给你啊？"

周文！蓝点心里感觉重重地敲击了一下。蓝点回忆起来，就算是见面也是点头之交，就算微笑也是偶然中的偶然，没有深交，没有接触。

蓝点回复："那你知道他现在在哪儿吗？"

消息马上回复过来："不知道啊，听说去了西安交大，但是又听说复读去了。"

蓝点看着手机屏幕很久，没有回复，其实蓝点在想就算找到周文又如何？和他开展一场轰轰烈烈的爱情？

能够以这样的方式去对待自己内心的爱情，就算是一点儿情愫，一天一天累积起来，那样强大的也是幸福的模样吧。

蓝点突然想到一首歌："我一个人吃饭旅行到处走走停停，也一个人看书写信自己对话谈心。"

蓝点站起来，拿起水杯看着窗外，内心沉默起来。

7

我们可能在不对的时间真的遇到过对的人，说得矫情点儿充其量是有缘无分，就像周文与蓝点。我们还有可能在对的时间遇到不对的人，但是带给你的美好还是不可估量，就像江一与蓝点。闲下来的时候，仔细回想，那种感觉本来就是可遇不可求的。

你可能没蓝点幸运，有人肯为你一天送一个你爱吃的水果，为你孤注一掷要浪漫，但是你也不会遇到送了好长时间礼物还是沉默的人，在一起了才发现对方小气到了让你受不了的地步的人。所以你看，无论是爱情的懵懂，还是直面爱情的勇敢，虽然很普通的，但也是很伟大的。

快乐王子和灰姑娘

蓝与冰

1

　　九岁的儿童节我第一次去了游乐园，许叔叔带着我和小竹玩了整整一下午。我和小竹都扎着童花头，穿着同款式的裙子，乍看像一对可爱的双胞胎姐妹花。我们坐摩天轮、乘碰碰车，从小丑叔叔手里接过金黄色的气球，而身边帅气的许叔叔比台上英俊的魔术师还要好看。直到天色转暗他才牵着我和小竹往家走，在路过书店时心情很好地说："你们挑两本童话书看吧，选自己喜欢的。"

　　当我刚挑到一本《快乐王子》的时候，就听见了小竹开心的笑声。她把找到的童话书高高举起，穿着白色泡泡公主裙直接飞扑到了许叔叔怀里，那副天真可爱的神情让我直接想到了"天使"这个词。那时候的我愣愣地望着小竹单纯的笑脸，心里忽然升腾起一种奇怪的守护感，我想她笑起来真好看啊，我永远都不想让她哭。

从拿到那本《灰姑娘》之后，小竹就对它爱不释手了。包上了粉红的书皮，每天睡之前都会细细读一遍，完全沉浸在那个苦尽甘来的浪漫故事里。她可以蘸着童话的肥皂水吹出无限美丽梦幻的泡泡，憧憬着英俊的王子殿下，也开始写起了公主日记。而那时候的我也第一次因为《快乐王子》的故事感动到流泪了。善良的王子雕像为了救助清苦的市民们，将装饰在自己身上的宝石金箔剥落，散发出去，最后只变成了光秃秃的铁块雕像。

这个悲伤的故事让我小小的心灵几乎不能承受。我边抹着眼泪边讲给小竹听时，她只是翘着嘴巴耸了耸肩膀说："我还是喜欢有点儿反转的有趣故事，像灰姑娘那样最后能变成美丽的王妃那种的。"也许从那时开始，这两本童话书就将我们划分成了截然不同的两种人，她是等待着幸福降临的小公主，即使是灰姑娘，未来也一定会变得明亮美丽到不可方物；而我就是所谓的快乐王子，听起来热闹，可那萦绕在心底的悲伤色彩只有自己清楚。

2

再次遇到小竹是八年后，高中的开学典礼上，坐了一下午的我正起身活动着腿脚，就看见一个白衣裙的女孩子猛地扑了过来。她仰起的笑脸上绽放着黑夜也打不败的阳光，水灵灵的大眼睛上睫毛如蝶翼翩跹，纤直的长发在胸前结成两束，清纯漂亮得一如无数搞笑电影中大龄屌丝男曾深深爱过的初恋。我抓抓头发，有些尴尬地退后两步，素色T恤、牛仔裤的我顶着一头乱蓬蓬的短发，实在是不衬她嘴里"姐姐"的称呼。

方胜然很不理解我从哪儿冒出了一个妹妹，我用了一下午才让这个逻辑思维差到极点的男人明白，许心竹是我妈妈前夫的女儿。妈妈在我小学一年级的时候再嫁给了许叔叔，我也和小竹成了亲密无间的姐妹，可惜才三年级时，这段短暂的婚姻就又结束了。妈妈和许叔叔在家里大声地争执吵闹起来，我和小竹相拥着缩在角落里，像是受了天灾的远古人一样惶恐而不知所措。我只听见身边的小竹一遍遍喃喃着："我的王子什么时候能出现呢？"

力挽狂澜的王子没出现，数日的争吵后，一纸离婚协议书还是撕破了这个岌岌可危的家。我和妈妈搬离了那所大房子之后，妈妈的脾气就变得越来越暴躁冷漠。她再没心情管我，仿佛让她结束了这段幸福的罪魁祸首就是我。我在她的冷眼下迅速蜕变成长，随性而散漫，和身边的男生们打成一片，却总在回家的路上收起肆意的笑脸，重新变回漠然，只在偶尔时才会怀念一下和小竹一起生活时的快乐时光和她的笑脸，却没想到在升上高中之后，缘分又让我们两个见了面。她一如昨日，我却变得翻天覆地，连小竹也承认之所以能认出我是因为我胸前的名牌，不然只看见和方胜然的我，谁也不会认出这是个女孩子的。

方胜然是我从初中就交下的好哥们儿，他是个单细胞、煞风景的家伙，最开始和我勾肩搭背地打了一个月篮球后才愕然发现我其实是个女孩子。我还记得那天他仿佛世界观都崩坏了一样，还特意避了我好几天。之后玩闹归玩闹，却总会不动声色地保持着一线的距离。他就是那种嘴上说得热闹，实际却是无比纯情的人。自从看到漂亮的许心竹叫我"姐姐"后，三番两次地让我给他介绍，可每次真的见到却又害羞地不敢去打个招呼。关键我们的话题也真的容不得他插进来，小竹的出现重新唤醒了我尘封多年的少女心，她会给我介绍新出的唇彩，鼓励我穿一下长裙，但更多的时候，话题都是围绕着一个人——连凯。

也许每所学校都有这样一个王子般的男生存在，连凯就是我们学校集万千女生憧憬于一身的男主角，有着人人羡慕的好成绩，却没有学霸们应有的邋遢外表和瓶底眼镜。他聪明好胜，喜欢穿暗色T恤扮酷，生活态度也是逆反精神十足，还曾因为不满某老师厚此薄彼"光荣"地交过白卷，做遍了一般人只敢想想的事，却还是凭着聪明的脑袋傲视群雄。这样完美的存在，哪个女生不希望他就是那个霸道帅气、只对自己温柔的男朋友呢。

"我觉得我等的人终于出现了。"小竹红着脸说。我们两个班的体育课是同一节，每到这个时候她都会乐颠颠地跑来找我。我浅浅笑着说："是啊，他那么厉害的人，跟你挺配的，你再这么说我都会喜欢上他了。"

与其跟方胜然大呼小叫地在操场狂奔，我还是很向往有两三个女伴一起探讨一下女孩子的话题的。也不是自己喜欢中性打扮，我正盘算着头发要过多久才能留长些，小竹就凑近了我耳边，有些害羞地说："姐，你不是认识篮球部的同学吗，能帮我打听一下连凯的事吗？"

3

我等在篮球赛进行中的体育场，身边拥满了大声喊"加油"的女孩子们，唯独一个短发高个儿的我站在其中显得无比唐突。方胜然略显普通的外表和个头硬生生地被连凯比了下去，那类人也许真是造物的恩宠，吸收着别人的目光也能那样地坦然自得，换作是我早就不好意思到定格不动了。哨声终了时，方胜然一把攀上了连凯的肩膀，笑嘻嘻地说："连帅，今天打得不错啊。"

连凯漠然地拨掉他的手，把着自己的肩膀向两边抻了抻脖子。方胜然向我使了个眼色，我连忙跑上前去，听着他赔笑说："喂，我有个好哥们儿想认识你一下。别看她这样，其实是个女生哦。"

连凯顾自地喝着矿泉水，眼神却定在我身上，看得我也忍不住心跳加速了。直到他"咕咚咚"地喝够了，才抹了下嘴巴咧嘴笑了："女的？谁看得出来啊，拜托，想搭讪之前也先考虑一下自身形象好吧——"

一句话让我猛然石化了。方胜然尴尬地打趣两下，看我没反应了忙岔开话题，拉着我跑出了体育馆，有些担心地问："没事吧你？这么容易被打击？我就说连凯那么臭屁的家伙看谁都矮一头，最好别去招惹他……"

可是小竹喜欢他啊，她拜托我去接近的，我却只换来了连凯轻蔑的目光。又不是我想这样，妈妈两次离婚后就匆匆地顾起了工作让我自立生活，我拿着钱买菜做饭交书费，生活的琐碎早已淡漠了我的少女心，还不如把自己想象成一个坚强抗挫的男生。我才不需要什么王子，因为我自己就是啊。

我有一大堆委屈的话，却都不敢说出来。我才没有埋怨小竹和妈妈的意思，连凯说得对，果然还是我自己不够好，男生更喜欢裙裾飞扬的女孩子。我长长地吁了一口气，重新笑着拍拍方胜然的肩膀："没事啊，优秀的人当然有骄傲的资本，我也不能总这样冒充男生了。"

4

我告诉妈妈要和小竹一起去逛街时她愣了："你什么时候又遇到她了？"我这才想起来，已经好久没跟妈妈谈一下心了，甚至连小竹的事都没机会跟她提一次。

"你们现在关系不错？还有，你许叔也挺好？"妈妈的话里带着些试探性，我也就全盘回答，我跟小竹的关系像以前一样好，她还是那个单纯可爱的小妹妹，而我也还是那么喜欢她，愿意一直当她的姐姐。

妈妈的眼神有些迷茫，一会儿才低着头将逛街的钱给了我，叹了口气说："那就好。你也是大姑娘了，该好好打扮一下了。"其实妈妈应该很喜欢许叔叔的，小竹好看的脸庞完全继承了他爸爸，而许叔叔又恰好是妈妈的高中同学。虽然印象很模糊，但在许叔叔家的那一年，的确是妈妈最好看的时候，她会留心系上各色的丝巾，将头发挽成好看的发髻，不同于现在的草草了事，所以我才没有告诉她，小竹已经有了一个新家，我永远只能是一个跟她没有一点儿关系的姐姐。

小竹帮我挑了一条豌豆花颜色的裙子，亲切地对我说："姐，其实你眉目挺清秀的，好好打扮一下也是个美女啊。"我看着镜子里稍稍陌生的自己，心里的暖流一波波地涌起。有个小竹这样的妹妹可真好啊，可我却连帮她接近一下连凯的小忙都做不到。不过小竹不介意，她开心地告诉我："那天放学时我发现他在看我了，有三秒钟那么久，没准他也喜欢着我吧。所以我昨天给他写了一封匿名的情书，等到真相揭晓的那一天，他一定会超感动的！"

我赞同地点点头，以小竹的漂亮劲儿我也打心底相信这是真的，两情相悦是件多么美好而幸福的事啊。虽然连凯瞧不起我，但他只要好好对待小竹我也就能原谅他了，虽然他完全不会在意我的想法。

从商场往外走时，刚好撞上了方胜然，无比小男生的他每次看见小竹都脸红，这次当然也不例外，甚至连招呼也没打，压低帽檐就走过去了。小竹有些奇怪："刚才那不是你的好朋友吗？怎么没打声招呼？"

我想了想说："他一直都那样，喜怒哀乐都写在脸上，每次看见你都害羞到连一旁的我也一起无视了。"小竹俏皮地笑笑，不置可否。恋爱真是件麻烦的事，方胜然一看见小竹就脸红，而小竹却一门心思全在连凯身上，只有局外的我故作轻松，但有时想想，真的也挺寂寞。

方胜然不喜欢我跟他提小竹，每次我问他对小竹的看法时，他都会恼羞成怒地训我无聊，避开话题，但我无意间提到我和小竹的故事时他却总是安安静静地听得认真，傲娇到了极点。他告诉我，小竹现在成了篮球部的女神，因为每场比赛她都在场边观望守护，一身白裙宛如清丽的水仙花，在女生群里也很抢眼，大家都还在愚蠢地为了她而斗嘴争吵呢。

我笑笑："你不也是吗？"方胜然就又害羞起来："我才没有呢！我可是清楚，她只喜欢连凯一个人啊！"

他说得对，小竹每周都要给连凯写一封信，洋洋洒洒几千字，字字句句都是温柔。她大抵是把那一封封信当成了灰姑娘留给王子的水晶鞋，我还是帮她当着信使，拜托方胜然或是自己亲自动手，将那些信塞到连凯的包里。我以为这些信都会是坚实的砖，一块块垫实她爱情的城堡，却不想有天它们也会土崩瓦解，彻底砸碎了我们天真的梦。

5

两个月里，不断有人向小竹表白心意，但她都会笑着拒绝，已经锁定了王子的她才不会因为平凡的骑士少年而倾首，她一直在等着最好的时间、最风光的时候，骄傲地穿上水晶鞋，迎接着众人的钦羡膜拜，昂首走进皇宫。

那一天，在6月1日。剧情像是重回到了八年前的那一天，她找到了《灰姑娘》，也找到了一生的信仰。一切都像是预定好的命运轮回，从早上开始，我就这样感觉了。

那天妈妈难得没去上班，一大早起床后就在准备早饭，在我惶惑喝着粥时才告诉我，她决定再婚的消息。当然不再是许叔叔，对方是一个平凡却很踏实的男人。她的表情让我很难形容，夹杂着不安、期待和一丝丝的愧疚。这一天她才告诉我当年她和许叔叔离婚的真相，虽然我早就猜过，可真正听到时，心还是狠狠凉了一把。我清楚地记得他们离婚后的第二天，妈妈狠狠收拾了我一顿，还勒令我剪去了长发，换下了裙子。当时年纪尚小的我只是隐约觉得可能妈妈不喜欢它们，我生怕把她再惹生气，于是安分地逆向而行成长到现在，却又看见她敞开心扉地低下头垂泪，听见她清晰地对我说："对不起。"

为什么要对不起？我从来都没恨过她，经历了那么多波折变得歇斯底里是很能理解的事，而她离婚后对我的冷漠也只是因为她要一个人撑起一个家，所承担的责任和工作量实在是太大了。我拉起她的手轻轻叫她："妈，过几天带我去见见新爸爸吧。"妈妈看着我愣了好一会儿才轻声地喃喃："我就说，你这么温柔细心的孩子……"

虽然想珍惜机会好好和妈妈谈谈心，但上学的时间已经来不及了，我出门时迟疑了一下，回身很矫情地说了一句："不管怎样，我还是爱你的，妈妈。"

天气好得要命，太阳很大，把天地都映得清晰明亮，不留一丝阴影。小竹跑来拉我的手，明媚地冲我笑："走吧，姐，去找连凯表白吧。"

这是高中联赛的准决赛，篮球部选了最精英的几个队员参赛，当然包括连凯，而方胜然只能愤懑地宅在寝室了。比赛并没太大看头，对方学校的体育特长生明显比我方阵营实力强很多，大力扣杀、拦截盖帽，与其说是比赛，不如叫屠杀更合适，可怜的18比53可是一点儿都不好听。连凯脸上一向的从容骄傲也终于被焦躁愤怒所取代，可也无力逆转乾坤，哨声葬送了我们校前进的去路。连凯沮丧地往外走时，小竹就拽着我跑了出去，勇敢地喊住了自己的王子："连凯，等一下。"

谁都能看出来他现在的心情有多糟糕，不耐烦地回头时也没流露出一丝表情："啊？"

之前就有过经验的我偷偷拉了拉小竹，我怕傲慢的连凯哪句话又伤到她，但她仍然义无反顾地走上前去了。在她的剧本里，今天就是幸福的最终章，她才不会放弃本就属于她的美好结局。

"没关系的，连凯，一次失败没什么，不管怎样我都会一直支持你的！"她喊出来时我的心一紧，她非要在这时提这场失败来刺激本来就好胜的连凯，就跟拿针去扎刺豚鱼一样啊。

果然，连凯脸上的不爽显得更浓重了："你算老几啊，我打输打赢关你屁事，别跑我这儿来装圣母！"

小竹的脸一下子就白了，她眼中的王子并没珍惜对她，反而恶语相向，和她构想的情节大相径庭。她失声说："怎么会，你怎么能这么说我，那些信……"

连凯仿佛是找到了发泄坏脾气的出口，话说得更伤人："哦，那些天天塞在我包里的废纸吗？什么东西啊，谁有心情看，我烦还来不及呢！别自我感觉良好，以为全世界都喜欢你啊！"

一句句话利剑一样地瞄准小竹，连一旁的我都听不下去了。围观的人越来越多，都在对小竹指指点点，仿佛知道身为女神的她也世俗地跟大家一样喜欢连凯而不值。我往前站了一步，刚想要为小竹出头反驳连凯时，就听见身后的小竹忽然笑了。笑声很低，可抬头时却还是之前精神奕奕的样子："别想得美了，谁会给你写情书啊！那些信都是我姐——王娱写给你的！我才看不上你！"

血液猛地逆流回头顶，我诧异地回头看着小竹，但她的目光只顾着愤恨地咬着连凯，根本无暇顾及我。我没勇气去看连凯了，他那轻蔑的眼神我再承受不住，而且身边四起的"怪不得啊""真敢想"之类的私语彻底崩断了我最后一根坚强的神经。

我感觉自己就像那个伫立在人群之外的孤单王子雕像，身上的金箔正在被大家犀利的目光一片片剥落，但我是小竹的姐姐啊，我有责任去维护她脆弱的自尊心啊，所以最后我只好低下头涩声说："是啊，我才是喜欢连凯的那个，许心竹只是在帮我传话罢了。"

如果真是雕像就好了，心就不会像现在一样疼到快要开裂，眼泪也不会不听话地自己掉下来了。

6

小学三年级的那天，放学回家时我就听到了妈妈和许叔叔的争吵，当时的我还好心地跑去拉架，可我刚凑近，妈妈就一个耳光甩了过来："滚！"

那个用力过猛的耳光让我半张脸都肿了，耳鸣声也嗡嗡地响起来。我实在想不出自己做错了什么，又害怕他们，只好一个人跑回房间里抱着《快乐王子》的童话书哭了起来，而当时还没回家的小竹的桌子上，放着《灰姑娘》和她珍惜的粉色日记本。

　　其实那时候我就隐约猜到了的。我之前曾经看过她的日记本，可是里面记载的与其说是日记，不如说是她自己妄想的一个故事。里面的妈妈蛮横霸道经常虐待她，我也是总欺负她，三番五次地抢她的发饰、弄脏她的裙子，可事实上，每次帮她顶罪认错的都是我。当时的我还笑过她："我哪有你写得那么坏啊。"小竹眨眨眼说："可是灰姑娘就是这样的啊，有坏坏的后妈和嫉妒她的姐姐，最后才能幸福啊。"

　　也许那时候的我就该将她从梦里唤醒的，她是中灰姑娘的毒太深了，臆想的公主病让她混淆了现实和幻想。日记本交到学校后，老师看到了她的这段"内心独白"，于是担忧地联系了许叔叔。

　　顺理成章，虽然妈妈矢口否认，可是爱女心切的许叔叔并不相信她，就像妈妈不相信我一样。妈妈怀疑我真的在欺负小竹，也害她背上了恶毒的后妈的罪名。他们相信的只是单纯的小竹，有那样天使笑脸的小女孩儿一定是不会撒谎的，而粗手粗脚的我才应该是坏姐姐。所以妈妈在离婚后失望地狠狠打了我一顿，也在听到我和小竹的现状时，终于肯面对过去，因为曾经对我的不信任而向我道歉了。是侵染着公主习气的小竹，贯彻着虚无主义，在心里构筑着虚拟的城堡，在脑袋里进行着头脑风暴，让身边的我们都理所当然地成了她故事里的棋子配角。

我其实能猜到的，可是我不愿意去相信。我喜欢小竹，从一开始就是，所以心甘情愿地避开她全部的不好，比如，陪她逛了整整一天寻找她喜欢的小衫，却只在一家普通的小店里花十分钟选好了我的紫色长裙；比如，每次她来找我都在劝我找机会接近连凯或者是帮她送信；比如，从一开始她就从来没问过我一句，我最近过得怎么样。

7

故事的结局很出人意料，我印象里容易害羞、撑不起场面的方胜然在我走之后赶到了体育场，一拳直接击在了连凯的鼻梁上。连凯早已用他的狂傲伤遍了身边的朋友，没有人帮他，而我没见过的愤怒的方胜然，真像小狮子一样威风地将比他高半个头的连凯打趴在地上，以一个守护者的姿势眼睛里喷着火说："不许你欺负王娱，谁也不可以！"

之后鼻青脸肿着来找我的方胜然看起来也没怎么风光，他摸摸我的头发说："好了好了，你别硬撑着了。我早就喜欢着你了，那次在商场门口第一次看见你穿裙子，觉得很好看就有些看愣了，连招呼都没好意思打。就算全世界都误会你，我也会一直陪着你、喜欢着你的。"

虽然他还是脸红了，可是眼睛里的认真却让我愣住了："你不是……喜欢小竹吗？"

方胜然甩了我个白眼："你怎么看出来的？我躲着她只是因为不喜欢面对她罢了，她真把自己当成了主角灰姑娘，身边的人都是好心的精灵、仙女，理所应当地帮助她、爱护她，却从没平等地对身边爱她的人。"

"真是因为那一本童话啊……"我低头说着，却被方胜然抬起了下巴。这样近距离地看，他的眉目也挺英气，尤其是眼里的专注，像一位王子。

"还有你啊！为什么总要把自己湮没在不知所谓的绝望里？你也是一直把自己想象成了快乐王子吧，这种无怨无悔地伟大付出，只会纵容你要关心的人，欺骗自己的心。别总硬撑着坚强了，多考虑一下自己的事，好好爱自己吧。"

方胜然的话刀锋一样将包在我心上的茧划出了一个口子，我一直以为是小竹沉迷在梦里不醒，不想我也早陷入了自己构筑的童话情节里，和她遥遥呼应，也恰好是我的过度伟大让她在那个幻想世界里越陷越深。

可是童话总有完结的时候，我们也该放下公主裙和王冠，好好感受一下现实世界的阳光了。还好我有方胜然能点破我的心，能温柔地守护着我，那么接下来也该轮到我去唤醒小竹，告诉她灰姑娘从来都没有事先备好的水晶鞋了。

永 无 岛

科学无解

1

翡冷翠从梦中醒来，门缝里漏进来的淡黄色的光线让她有些恍惚。泪眼蒙眬中，她看见布偶小熊在空中笨拙地旋转，就像在梦里一样——

梦中的她在飞翔，轻盈得像一片柔软的羽毛，顺着右手边的第二条路，一直飞到天亮。那是龙镰讲的故事里，通往永无岛的方向。

而她没来得及飞到天亮就醒过来了。

落地的钝重感让她胸口发闷，吸了口气，布偶小熊跌落到地板上。她拖过毛绒小熊走出房间，朝着有光线的地方走去。

光线从一道门缝儿泻到走廊里，打出幽深的轮廓，那是书房。

翡冷翠走到书房门口，听到了低低的人语。

翡冷翠零星听到了自己父亲翡钟的声音，还有"黑玉""威胁"之类的字眼儿，她举起右手，看到手背上贴着的创可贴，白天的时候来了一个和蔼可亲的"白大褂"给她抽了一管子血，她疼得差点儿掉出眼泪来，妈妈奖励了她一盒糖果，那是一个月的分量，妈妈却毫不吝啬地全部给了她，这让她有些犹豫，不知道到底该不该排斥抽血这种疼一时、甜一个月的行为。

龙镰说吃糖对牙齿不好，她想了想，觉得是龙镰也想吃，而他们的关系那么好，于是忍痛分给了龙镰半盒。

"你在干什么？"略微沙哑的声音在背后轻轻响起。

翡冷翠吓了一跳，发现逆着光的地方，站着一个头发凌乱、打着哈欠的少年，他隔着松垮的衣服挠了挠侧肋，表情很困："大晚上的不睡觉，躲在书房外面偷听什么？"

"龙、龙镰……我睡不着……"

"来我这里吧。"龙镰抬起手腕做了个手势，空气中荡漾起一段段的縠纹，像是有一只手控制了空气的流向，落地灯一台一台地打开，为他们铺出一条旖旎而温暖的通道。

"龙镰，你说，永无岛真的存在吗？"翡冷翠爬上龙镰的床，把小熊放在枕边，软软地倒下来。

她仍旧对那个永归纯真的彼得·潘念念不忘，黑暗中她的眼睛亮得惊人。

龙镰坐在床边，把被子往上拉了拉，几乎要遮住翡冷翠的下巴。

"它是基于人的梦想而存在的。"龙镰说，"如果你相信，它就存在。"

翡冷翠深吸一口气，感觉自己漂浮起来，此时，她已经半沉在幻梦之中。

"龙镰，我相信。"她轻飘飘地说。

屋子开始变得冰冷，龙镰的身影被黑暗吞噬，呵出的气体逐渐成霜。

2

不得不承认，翡冷翠在龙镰的床上总比在自己床上睡得好。她揉了揉眼坐起来，发现龙镰不知何时已经起来了，正低头打扫什么东西。

"怎么了？"

"没什么，不小心打碎了花瓶。"

"啊？你们家祖传的那只花瓶？最终还是碎了啊……"翡冷翠替龙镰感到惋惜。龙镰是翡冷翠非常远房的一个亲戚，远到五个手指都攀不到一起。龙镰的家境很惨，机缘巧合之下住进了翡家，比翡冷翠大三岁，可她从来不肯叫他哥哥。

"好可惜……咦，你的脖子怎么了？"翡冷翠突然发现龙镰的脖子上贴了一张创可贴，"受伤了？"

"被你的小天使撞到啦。"龙镰道。

"那是，我的小天使可是飞得很快的！"翡冷翠很骄傲。自从龙镰给她讲了彼得·潘的故事后，她就坚信她有一个默默守护着她的小天使，在关键时候会冲出来保护她，偶尔也会顺便守护一下龙镰。这是有证据的，每天她醒来后房间都会发生变化，有时候书会落到地上，有时候糖果会散落一地，她猜是小天使太无聊啦，搞一点儿无伤大雅的恶作剧。

"下次见到她，我会让她小心一点儿的。"翡冷翠说道，"吃饭去吧……等下吃饭你坐在我和爸爸中间好不好，他最近好严肃，我有点儿怕怕的。"

龙镰表情动了动："……好。"

吃过饭翡钟叫住了龙镰，和他说了会儿话，翡冷翠远远看着，发现两人之间似乎出现了争执，最后不欢而散。

望着龙镰阴着脸走过来，翡冷翠小心翼翼地迎上去："怎么啦，龙镰？这么不开心？"

龙镰心不在焉地摸摸她的脑袋："没什么。"

翡冷翠有些不开心了，龙镰总是当她小孩，遇到困难时，总会说"没什么"。

翡冷翠气鼓鼓道："我已经快长大了，可以帮你解决问题了！"

龙镰低下头，笑了笑："是啊，小翡冷翠快要长大了。"

不知为何，翡冷翠觉得他的口气里，带着浓郁的、化不开的忧伤。

翡冷翠有些难过地扭过头，看到她的小天使从走廊深处穿行而过。

3

不知为何，父亲突然对翡冷翠变得严格起来。他给她找了更多的家庭教师，课程也越来越难了。

她知道自己的厉害，每当她伸出手，就能察觉到空气为她所控，她与物体之间的空气就像她延伸出去的手臂，被她易如反掌地控制着。

他们称之为"天赋"，她甚至听见有仆人私下里议论，说大小姐是翡家血统进化的奇迹，这么多年来，翡家第一次出现了"黑玉血统"——那是一种神奇的能力，每次催发血统都会带来灿烂的光影效果，她只要动动小手指，就能随意折弯坚如磐石的钢铁，而这种肆意穿透、扭曲空气的能力，总会伴随着寒潮般的温度下降，明明是夏天，只要翡冷翠发动能力，周围温度也能迅速降低到零下，她的周身会结出绚烂的冰花。

"你能做到什么程度？"翡冷翠问龙镰，她正隔空把一杯水倒进另一个杯子之中，在如此精密的操作之下，杯子的边缘已经结起了薄薄的冰碴，周围温度骤降，翡冷翠的额头却开始渗汗。

龙镰拿着手帕替她擦汗，闻言顿了顿，摇头道："不会比你强。"

"那么说我比你厉害咯？"翡冷翠有点儿惊喜，"那我也算大人了！我也有保护你的能力了吧？你以后有什么困难就要告诉我，我可以帮你，我的小天使也可以。"

龙镰笑了："嗯，你要学会保护我。"

那是个很熟悉的笑容，伴随着翡冷翠整个童年的记忆。她心跳了一下，一把攥住龙镰的手，那只手温暖干爽又有些粗糙，让她很有安全感："龙镰，你会一直在我身边，对吗……"

龙镰慢慢点头，说："会的。"

翡冷翠觉得一股暖流从耳朵一直流到心里去，并在那里逐渐汇集成一片汪洋，盈盈地充满了她。

翡冷翠笑逐颜开："你知道吗，龙镰……你也是我的天使。"

龙镰垂着眼帘，遮住了所有的情绪。

4

翡钟和龙镰争吵的次数变多了。

开始他们还压着嗓门，不想让翡冷翠听到。可后来就有点儿不管不顾了，他们甚至能吃饭吃到一半就开始兴致盎然地吵架。

"你和翠儿接触的时间太多了。"翡钟冷冷道，"她是最强血统，翡家未来的家主，你耽误得起吗？"

龙镰咬了咬牙，没有回答，放下餐具，擦了擦嘴："我吃饱了。"

翡冷翠心里突然蹿出一股难以言说的寒意，她去抓龙镰的手，却被他不动声色地躲过了。

"龙镰，"翡钟在背后道，"没有人能够成为她的绊脚石，你明白吗？"

龙镰低着头，声音闷闷的："……知道了。"

翡冷翠"刷"地站起来，对着翡钟怒目："龙镰他从来就不是我的绊脚石！"她扭头就去追龙镰。在她的身后，瓷器和灯管在同一时间炸裂，碎片飞溅，瓷器中透明的液体在激飞向空中的一刹那凝结成冰，折射着凛冽的光芒沉重地砸向地面，荡成千万碎冰。

翡钟坐在一片碎冰之中，沉声道："……就是因为这样，龙镰才必须离开。"

5

想听八卦的时候，就得躲在厨房外面。

"最近家主和龙镰少爷吵得真厉害……"

"好像是因为大小姐啊……家主嫌龙镰少爷实力太弱，会妨碍到大小姐……"

翡冷翠简直气得发抖，他们什么都不懂！

突听背后有人道："喂，你又在偷听别人说话啊。"

偷听的时候精神最为集中，被人在背后发觉，翡冷翠惨叫一声，一下子跳出去。

"龙、龙镰！你吓死我了……你……你怎么背着包……你要出去吗……"

龙镰看着翡冷翠，眼神里落着光，又落着雨，氤氲成一片雾气，怎么也看不清。

翡冷翠吓坏了，她从来没有见过这样的龙镰："你，你怎么了……不要吓我啊……"

"小翡冷翠，我要走了。"龙镰道。

"……走？走去哪里？"

"离开这里。"

翡冷翠震惊了，龙镰要离开这里，为什么呢，她有记忆的时候，就已经有龙镰了，龙镰是融入她生命里的，是她生命的一部分了，她的生命，怎么会突然有一部分要剥离掉呢？

她说不出话，只能瞪大眼睛看着龙镰。那目光里含着震惊和痛苦，不应是一个小孩子眼里应有的神色。

翡钟不知何时出现了，他看到龙镰，皱了皱眉："你怎么还没走？"

翡冷翠大吼一声，双目通红："走？他走什么？他不能走！"

突然一股威压袭击了所有人，翡冷翠双腿一软，差点儿跪在地上。那是翡钟的能力——"君王"，能够以重力强制控制所有人。

"走！"他对着龙镰冷冷道。

龙镰最后看了一眼翡冷翠，那眼神有一点儿柔，有一点儿淡，还有一点儿难以言喻的哀伤，那应该是一个离别的微笑，可翡冷翠尝不出其中的滋味。

她看着龙镰越走越远，知道他再也不会回来了，翡冷翠崩溃地看着翡钟："你为什么要赶他走……"

翡钟看了她一眼，目如深海，其中点缀着寒冰："因为你太弱了，弱到面对着父亲的命令，连反抗都做不到。去训练吧。"

翡冷翠震了一下，她低下头，又抬起头，目光里什么都没有。

"我恨你。"她说完，扭头向训练场走去。

那个去往永无岛的故事，是她听过的最好听的一个故事。

而现在，她知道，这个世界的某一个角落里，一个天使死去了。

6

翡冷翠日益强大。同时也变得沉默寡言。

她总是一个人爬到塔楼上，孤坐着度过一个又一个的黄昏。

曾经她也喜欢这样看黄昏，可那时候她身边还有龙镰，而现在，只有残影和余晖。

夕阳总是照得她睁不开眼，她捂住脸，想起了龙镰给她讲过的那个永无岛的故事。她曾经深信不疑，可如今，却忘记自己曾经坚定地说过"我相信"。塔楼变成了庞大的水晶宫，宫中囚禁着强大而孤独的公主，没人可以靠近。

一个心理系的家庭教师告诉翡钟，翡冷翠如今的暴走已经不再是实力的问题，而是心理上过不去。

翡钟叹了口气，从书房的窗户看下去。窗户下面是训练场，翡冷翠正在训练，她面对着三个肌肉精实的壮汉却毫无惧色，空气如同一条条鞭子被翡冷翠玩弄于股掌之中，对手妄图对翡冷翠实现近身短打，可她的空气防御已经臻于完美，又能操控空气进行远程攻击。

那流畅的技术和精确的操作，让翡家号称史上最强的家主翡钟也自叹不如。

她会是个很厉害的角色。翡钟默默想到。

不管翡冷翠有多恨他，哪怕是再也不叫他一声父亲，他也心甘情愿。

7

"小姐，有人给您的东西。"仆人道。

翡冷翠淡漠地抬了抬手："放那儿吧。"可眼皮抬了一下，发现仆人手里拿着的是一个精致的盒子，她的心跳了一下。她认得那个盒子，那是她之前给龙镰装糖的盒子，是……龙镰？

"这盒子哪里来的？"翡冷翠一下子站起来。

"有人送到门口，让转交给您。"

"他人呢？"

"刚刚走……"

翡冷翠却管不了那么多，她抢过盒子夺门而出……是龙镰，龙镰回来了！

她执着地在街上奔跑，只是凭着直觉去寻找。现在的她已经不惧怕翡钟，谁也不能阻止她，她要找到龙镰，把他带回来！

一种奇异的感觉击中了翡冷翠，她停下脚步，扭头看向一个逼仄的巷子。

一个穿着快递服的人背对着她，有些凌乱的头发，挺得很直的背影。她知道那个人是谁。

就在她向前踏去的那一刻，那个人突然脱下了快递服，换上了一件T恤。

翡冷翠停住了脚步。

她的心也停止了跳动。

……她看到了，奇怪的景象。她看到龙镰背后的伤痕，那是重叠的伤疤，日子有些久远了，却仍旧触目惊心。

龙镰从来没有告诉过她这些伤疤的事情，可翡冷翠却在一瞬间明白了。

她想起了仆人说过的话。

"……据说小姐是家族里唯一的黑玉血统呢，她现在非常不稳定，在睡梦时会暴走，空气被搅浑，有时甚至会让空气变成利刃，切断一切东西！"

……那些伤疤……是睡梦中暴走的她留下的……

换完服装的龙镰没有回头，径直走向了巷子深处。

翡冷翠没有追上去。她一直以为的真相，不过是虚浮的陷阱。她恨着自己的父亲，想念着龙镰，这双重的力量让她强大……可到头来，她却发现，罪恶的根源，却在她自己身上……

望着手中的盒子，她颤抖着打开了它。

里面是一叠信件，信件的右下角按照时间排了序号。

翡冷翠深吸一口气，打开第一封信，里面是龙镰手写的一个故事："王子顺着公主长长的头发爬上了塔楼，拯救了美丽的公主。"第二封信依旧是故事，第三封、第四封……

直到最后一封信，故事结束后，不再是大段的留白，而是一行娟秀的字迹：

> 你说我是你的天使，而我看过一部小说，说每个人在困惑的时候，都会出现一个天使，他都助你，而后离开。小翡冷翠，我离开，不是因为你父亲的逼迫，我们故意做戏给你看，希望这样能刺激你，让你快速成长，因为这个世界并不如你想得那么安全，你有能力，也应当完美地使用它……你会变成非常厉害的人，众人敬仰的人。期待与未来的你相遇，相信那时候的你，一定如女皇般英武，我想象得到。
>
> 永远爱你的龙镰

翡冷翠把盒子抱在怀里，深吸了口气，深秋的空气凛冽而清凉，一直深入她的肺脏。

她曾经伤害了龙镰，也伤害了她的父亲。可是他们从不以恶意揣度她，仍旧默默地爱着她，守护着她……

她可以想象到，身在某处的龙镰，仍想念着她，在某个温暖的午后，摊开一张信纸，写下一个值得去相信的童话故事。

翡冷翠捋了捋头发，那里不再有寒冰的温度。

我会的，我会让你看到一个最好的翡冷翠……在不久的未来……

念 伊 人

念 伊 人

八　蟹

1

起初，我并不喜欢苏蓝蓝。我们都是高一年级的新生，大家都是平凡的尘埃，而苏蓝蓝却和别人不一样，她疯狂，大胆，才开学不久就主动追求五班的优质生程泽勋。

前桌秀说，苏蓝蓝像一块狗皮膏一样紧紧地贴着程泽勋，他走到哪里她跟到哪里，还经常送礼物献殷勤，真是厚脸皮。我问："苏蓝蓝长什么样？"

个子小小的，皮肤黑黑的，一点儿也不好看，而且成绩也很差，都不知道她哪里来的勇气去追程泽勋那个大帅哥。秀说这些时一脸嫌弃。

我若有所思地点了点头，然后扯了扯秀的衣服，让她带我去见见那个苏蓝蓝。

我终于见到了苏蓝蓝，在她们教室的后门口。当我们正准备假装进去找老同学时，苏蓝蓝从教室里出来。她出来时我和她正好四目相视，三秒的时间。

秀说："她就是苏蓝蓝，做何感想？"我撇了撇嘴，说："不好看。"

我说谎了。

当我见到苏蓝蓝眼睛的那一刻，我就浑然忘记了秀说她的那些不好。那是个面容清秀的女子，眼神里藏着一面平静的湖水。看着她的脸我会想到半片柠檬掉进水里的那一瞬间，清凉，透爽。

但我没说。我和朋友说，我一点儿也不喜欢她。是，尽管我觉得苏蓝蓝并不是长相多丑陋的女生，但我还是打心里不喜欢她。

她没有女生该有的矜持，她为了喜欢的男生连脸皮都不要，我讨厌她没有资本也敢去喜欢程泽勋。

我那么讨厌她，还有一个原因。

因为，我也喜欢程泽勋。

2

初三的那个暑假，我经常泡在图书馆里。

清晨的图书馆静得像是在美梦中沉睡的婴儿，只有少许人们翻开纸页发出的稀稀疏疏的声音和几串轻慢、富有节奏感的脚步声。我喜欢安静的地方，喜欢一个人安静地看书。

我在书架中穿梭着，抬头发现我很想看的一本书在书架的高处，我踮起脚伸手去拿，却无奈够不着，但我不想这么快放弃。

就在我的手终于酸到要放下时，一只修长的手轻而易举地拿到了那本书，我侧过脸，看见了程泽勋。

琥珀色的瞳孔，干净的面庞，清爽的碎发，高高瘦瘦的模样，让我不禁想起了小说里的少年。

程泽勋低着头看了看书，然后递给我说："你要的应该是这本书吧。"他说这话的时候是微笑的，脸颊上露出了浅浅的酒窝。

温柔的阳光缓缓流进图书馆里，有金色的尘埃在半空中飞舞，轻快跳跃着。

我仰着头看他，仿佛在仰望千里之外的星辰，而这一刻，那颗遥远的星球穿越了无限的距离，来到了我的面前。

我愣了愣，接过书小声地说了句谢谢。程泽勋说了声不客气就走了，留下一抹蓝色的背影。那天他穿的是件蓝色的衬衫，我始终记得。

后来我再也没有在图书馆里见到他，我一直想再次邂逅他，我想郑重地说声谢谢，转念又想，算了吧。可我怀念他干净的笑容，怀念他站在我身边，身上带着的淡淡的柠檬香洗衣粉的味道。

心里就像有一颗埋藏了许久的种子，终于破土而出，长出新鲜的嫩芽。

我就带着那新鲜的嫩芽进了海越学校成为一名高一新生。而在高一军训时，我看见了那件蓝色衬衫，他站在高一五班最后一排的最后一个，头仰得高高的，站直了身板，像一棵挺拔的白杨树。

蓝衬衫在风里轻轻飘着。五班教官喊了一句："程泽勋。"蓝色衬衫的主人两手贴在大腿上，响亮地应了声："到！"

3

程泽勋这个名字在开学不久就被传得沸沸扬扬。他有一张帅气的脸，会打篮球，成绩永远在年段前十名内，性格温和，待人友好。大家都说暗恋他的人一定一大批。是啊，我也是这么认为的，因为我也是其中一个。

苏蓝蓝没有过人之处，虽然面容清秀但皮肤并不白皙，丢进人群里都会被埋没的那种普通到不行的女生。而她突然之间火起来的原因就是她向程泽勋告白了。

据说她告白的那一天好多人在现场，她说："程泽勋，我喜欢你。"然后程泽勋笑笑，说："对不起，我不喜欢你。"苏蓝蓝的眼神就黯淡下去了。周围的人有的在笑，有的同情地看着苏蓝蓝。

但苏蓝蓝没有因为被拒绝而退缩，反而愈挫愈勇。她不在意别人异样的眼光，吃饭时跟着程泽勋，放学跟在程泽勋身后默默地走，也常常买吃的给程泽勋。她说我喜欢他就对他好，这有什么不对。

秀说："秦佳，我觉得苏蓝蓝一点儿也不好，程泽勋那样的男生和你才是天生一对。"我惊讶地笑笑说："我也没什么好的啊。"

好多人曾说羡慕我，有白皙的皮肤，苗条的身材，甜美的笑容，一头乌黑亮丽的长发，而且又聪明，简直是女神级的人物。

开学以后也有男生向我递过情书，我都委婉地拒绝了。我的心里早就住了一个人。我知道自己有长相上的优势，成绩也不错，但我是个胆小鬼，我连喜欢一个人都没有勇气说出口。

在开学见到程泽勋时，我就有种想上前打招呼的冲动，想问问他是不是还记得我。他不知道我看到他的时候有多激动，我心里绿色的嫩芽长成了一朵白色的花，娇艳欲滴。

可是我没有，他的周围围着他的朋友，他性格开朗，很快就和新同学打成一片，他在一群人里，闪着熠熠的光辉。而我只能在远远的地方，注视着他，不敢靠近一步。

我突然发现，我有一点儿羡慕苏蓝蓝。她就像当年红火一时的《恶作剧之吻》里的湘原琴子，她敢于丢脸，敢于诉说自己的喜欢，敢于追求自己想要的幸福。但是，我还是讨厌她。

4

我一直认为自己和苏蓝蓝不会有交集的。我在心里视她为情敌，我和大家一起在背后谈论她。就这样在讨厌苏蓝蓝和暗恋程泽勋的情况下，日历转到了1月份。

苏蓝蓝的出现很突然。那天我在班里安静地看书，有同学说："秦佳，有人找。"我走出教室，看见了苏蓝蓝。

苏蓝蓝穿得很厚，像只棕熊。她看见我，眼睛笑成弯弯的月亮，毫无恶意。她说："你好，你是广播站的站长吧？我的好朋友要转学了，这是我想点给他的歌和祝福。"

我低下头看见她手里拿的字条，然后微笑着接过字条说，好的。她就像个拿到期待已久的糖果的小孩儿，开心地说了句谢谢就蹦蹦跳跳地走了。

我转身进教室，捏紧字条，然后不动声色地将字它丢进了垃圾桶。

字条上的歌和祝语并没有播，我一直以为苏蓝蓝会来找我。过了好多天，苏蓝蓝都没有来。也许她是忘记了这件事，我也松了口气。

把字条丢进垃圾桶以后我马上就后悔了，我怎么可以因为她和我喜欢同一个人就这样对待她，但字条已经扔进了垃圾桶，同学往垃圾桶里丢更多的垃圾。

我不再想苏蓝蓝的事，段长喊我到办公室给我下达命令："校内的黑板报要出新的内容了，秦佳你去画画。"我本想拒绝，还没开口，程泽勋就径直走了过来。

他看了我一眼，我不知道我当时眼睛里是不是发光了，但是当他又站在我身边时，我的心脏就怦怦地跳得好快。

可惜他只是淡淡地看了我一眼，我很难过，他不记得我了。段长说："泽勋，这次校刊你就负责写字，这是三班的秦佳，她负责画画，你们好好配合。"

程泽勋点了点头，毫无异议。段长又转头看我说："秦佳，你刚才欲言又止的，想说什么吗？"我忙摇摇头说没有。段长满意地点了点头就示意我们可以走了。

五班在北面，于是程泽勋从后门走了出去，三班在南面，我走了前门。事实上，我真想跟着程泽勋走，可那毕竟不是我的路。

周五的下午只上两节课，放学时，天空呈现了温柔的霞光，夕阳的余晖散落一地，校园被涂上了暧昧的橘红色。那天的天气温凉，少了平时刺骨的寒冷，多了一份罗曼蒂克的情怀。

我站在校刊旁的一棵榕树下等程泽勋。

他来了，穿着宽松的白色毛衣，外面套着一件黑色大衣，高个子的他总是穿什么都好看。

看见我，他朝我挥了挥手，我正想对他露出百分之百的微笑，却瞬间冻成了石像。

苏蓝蓝。

5

程泽勋很友好地和我打招呼，说："我是程泽勋，希望我们好好合作。"

我微笑地向他点头："我是秦佳，她？"说着我看向了那个东张西望的苏蓝蓝。

苏蓝蓝回神，笑着说："我只是来看看你们出板报。"她笑得很无害，我却心生厌恶。真是跟屁虫。

程泽勋皱着眉说："苏蓝蓝，你回去吧，别跟着我了，我这是正事。"口气里有不耐烦。苏蓝蓝却习以为常："反正我都跟习惯了，再跟一次又不会怎么样。"

程泽勋还想说什么被我先打断了，我笑着说："蓝蓝又不会捣乱，就让她在旁边看吧。"我让自己尽量笑得很善良。

　　我和程泽勋讨论板报的内容，苏蓝蓝就坐在一旁的石椅上捧着一本书津津有味地看起来，时不时转过来看我们两眼。

　　那次我和程泽勋边出板报边聊天，聊兴趣爱好，聊电影学习。我很开心有这样的机会能和喜欢的人近距离接触，听他的声音，看他的笑容，了解他的喜好。

　　末了，程泽勋看着还剩一半的板报说，剩下的下周再继续吧。然后和我说了声再见。苏蓝蓝默默地跟在他身后。

　　我和程泽勋互换了电话，我兴奋得像一只小鹿。

　　但我不会主动打电话的，我要做个矜持的女生。我想。

　　和程泽勋继续出板报那天苏蓝蓝没有跟来，我便疑惑地问程泽勋。他说苏蓝蓝有事，脸上显然有放松的神情。我偷偷地笑了。

　　我试探性地问程泽勋喜不喜欢苏蓝蓝，程泽勋被这个问题吓到，看着我说："哈，秦佳，原来你也这么八卦。"我笑着说："没有啦，只是周围的朋友都很感兴趣你们的故事。"

　　程泽勋说："有时候我觉得她挺烦的，总是缠着我。"

　　他没有正面回答我的问题。我淡淡地哦了一声。

　　后来我和程泽勋还有苏蓝蓝就渐渐地熟络起来，看见程泽勋时我们都会打招呼，程泽勋在的大多数时候苏蓝蓝也在。

我和程泽勋并肩走在一起，很多人驻足观望，而苏蓝蓝这时候都会默默地跟在我们身后，咬着一根棒棒糖，哼着小曲。

对于喜欢，我只字不提，只是一直扮演着朋友的角色。有一次程泽勋的一个朋友看见我们走在一起说："你们两个看起来很般配啊。"程泽勋推搡男生说："别乱说，我们只是朋友。"

苏蓝蓝那天不在，我在想如果她听到会是什么反应。

6

每年5月学校都有一个才艺晚会，很多人报名参加想利用这次机会让自己在学校崭露头角。

初中时候每当有大型的晚会我都会被班级推举参加，我的钢琴是我最骄傲的资本，从小我的父母就有意把我培养成一个才女。

所以这次晚会我也报名了，意外的是，苏蓝蓝也去了，她的才艺表演是唱歌。

我特地去商场买了一件白色雪纺裙，试穿时旁边的人朝我投来羡慕的眼光。

晚会如期而至，操场上人潮汹涌，灯火通明。

我走进后台看见了苏蓝蓝。

苏蓝蓝那天穿了一件蓝色雪纺裙，化了淡妆，细卷的睫毛像是扑腾着翅膀的蝴蝶，夜空的星光碎进了她的眼眸，闪烁明亮，淡粉的唇妆，她的万年马尾散了下来，长发柔顺地披在肩上，加上晚上看不出皮肤的黝黑，在灯光的映衬下，美好得像公主。

她看见我，嘴角扬起浅浅的弧度。我走到她身边说："蓝蓝你今天真漂亮。"她不好意思摸了摸头说，第一次化妆还真有点儿不习惯。

我在心里想，灰姑娘到了十二点还是会变回到灰姑娘的。我不必害怕。

我的节目是第五个上场，老师喊我快点儿去换服装。我打开背包，却发现我的服装不见了！可是我明明记得我放在包里了，我让秀帮我照看一下，我去了趟洗手间回来就没了。

秀说她刚才被老师叫去帮忙就先放在那里，没想到才一会儿的时间就没了，她很抱歉地看着我说对不起。

我急得像热锅上的蚂蚁，老师发现我的异常赶忙来问我发生了什么事，我眼泪憋不住，说衣服没了。

我的周围围了很多人，大家都很同情我，离我上场不远了，衣服还没换，妆也还没化，我的眼泪啪啦啪啦地一直往下掉。

就在这时苏蓝蓝递给我一件衣服，那不是她的蓝色雪纺裙吗？我抬头看，她额头上微微地渗出了一层汗，她身上的衣服变成了普通装束。

苏蓝蓝说："秦佳，你先穿我的吧，我很晚才上场，到时候再穿就可以了。"

我愣愣地看着她，她的脸突然变得好模糊，可是她的笑容却那么清晰。

我感激地接过衣服，抱住她说："苏蓝蓝，谢谢你。"

穿上苏蓝蓝的裙子，化好妆，大家都说我美得不像话。我自信地牵起裙角，微笑地朝大家鞠了个躬，开始我的表演。

一曲悠扬的钢琴声缓缓流进人们的心里，大家拍手叫好。

我下台寻找苏蓝蓝，没看到苏蓝蓝却看见了程泽勋。我很开心地跑去问他有没有看我的表演，程泽勋笑着说："有啊，很好听，大家都说你今天很漂亮。对了，你看到苏蓝蓝了吗？"

我的心在一句话之间飞上了天堂又重重地跌到了地狱，他凭什么只记得苏蓝蓝，他就不能多关心我一点儿吗？

我别过脸说没看见。程泽勋匆匆说了几句就走了。

我看着他离开的背影，心里有一股怒气一点点增加。

我走进拥挤的人群里，有很多人在喝饮料。

7

苏蓝蓝借给我的裙子被红红绿绿黄黄的饮料溅了一身，我不停地道歉，眼里泛着泪光。

苏蓝蓝看着被毁得面目全非的裙子露出很纠结的表情。半晌她叹了一口气说："算了，灰姑娘总要做回灰姑娘，也不贪一次做公主的机会。"

她摸了摸我的头说："我知道你不是故意的，我不怪你。"

苏蓝蓝卸了妆，穿着白T蓝色牛仔裤就上去了，底下唏嘘声一片，但她还是报以微笑。

> 把心洋葱般剥落，拿掉防卫剩下什么
>
> 为什么脆弱时候，想你更多
>
> 如果你也听说，有没有想过我
>
> 像普通旧朋友，还是你依然会心疼我
>
> 好多好多的话想对你说，悬着一颗心没着落
>
> 要怎么附和，舍不得又无可奈何
>
> 如果你也听说……

底下的观众全都安静了下来，只有她清澈的声音在人群上空飘荡。

苏蓝蓝的衣着让人唏嘘，她的声音却震撼了所有人，包括我。

他们说，那天晚上有两个人的表演惊艳了全场，一个是我，一个是苏蓝蓝。

苏蓝蓝在那一天彻底火了，很多人对她的印象改观了，大家说认真看苏蓝蓝的时候，她也挺好看的。

我说要赔礼服费给她，她没收。而我的白色裙子居然在事后又回到了我的背包里。

秀悄悄告诉我她看见苏蓝蓝靠近过袋子。我攥紧拳头，没说什么。

我发现我越来越讨厌苏蓝蓝了，尽管她曾将她的裙子借我。

高二的时候发生了两件轰动的事情，一件是苏蓝蓝变了。经过一个暑假，她居然长高了，皮肤也变白了一些，不再穿单调的牛仔裤而是淑女的连衣裙，看起来漂亮了不少。

大家说苏蓝蓝一定是因为程泽勋才变化这么大的，大家都感叹爱情的力量伟大得不容小觑。

第二件事情就是，高二新来的转学生林嘉北，那个和程泽勋有着相同王子气质的男生，居然扬言说要追苏蓝蓝。

没人相信这个谣言，直到有一天看到林嘉北替她搬书时笑嘻嘻的样子，我们才不得不相信了这个事实。

少
年
的
你
是
驾
驭
时
光
的
舵
手

那程泽勋呢？他好像一副不在乎的样子，因为苏蓝蓝还是继续跟着他，像是他的影子。我问苏蓝蓝："你不打算考虑考虑林嘉北吗，他挺不错的。"苏蓝蓝摇摇头说："我喜欢程泽勋，不管他喜不喜欢我，我都喜欢他。"

真是个固执的人。

而我对程泽勋的喜欢，埋在心里，越积越深，可青春的花瓣禁不起等待。

8

文理分科的时候，我报了文科，程泽勋报了理科，我们一直以为苏蓝蓝会尾随其后，但她没有，她选择了她擅长的文科。苏蓝蓝说，她要足够优秀，这样她喜欢的人才会回过头看她。

我和苏蓝蓝很巧地成了同班同学。

我们慢慢变得亲近，上厕所会拉彼此一起，有时候一起讨论学习一起讨论八卦，一起二一起疯。苏蓝蓝是个神经大条的女生，但是其实蛮可爱的。

如果她喜欢的不是程泽勋，也许我们真的能成为朋友。

晚自习我和苏蓝蓝一起翘课去操场吹风，回来时经过厕所听到了这样的话："真的很讨厌秦佳，不就是长得漂亮点吗，装什么淑女模样，真做作……"

谩骂的声音不断靠近门口，"我都不想和她做朋友了，还以为自己多了不起，真的很恶心……"我愣愣地看着那个走出来，声音戛然而止的女生，秀。

　　秀突然之间手足无措，我的眼泪忍不住掉下来，我朝她喊："你讨厌我为什么不直说？你这样背后说我有意思吗？你到底有没有把我当朋友？"

　　秀看着我，突然冷笑了两声，她的神情变得愤怒："我早就看你不顺眼了，总是以为自己是高高在上的公主，你和我做朋友你考虑过我的感受吗？你只是拉我在你身边做陪衬而已，让人看起来你是多么美好，实际上你就是贱人，贱人你懂么！"

　　我捏紧的拳头终于忍不住，一巴掌甩在她的脸上，又狠又恨。和李秀同行的那个女生吓得一动不动。秀捂着红肿的脸呆呆地看着我，她显然也没想到平时看起来温顺的我居然也会动手，我平静了心对她说："我看错你了，我们的友情就到此为止吧。"

　　我拉着苏蓝蓝的手跑着离开了那里，秀在身后说："秦佳，你迟早会遭报应的。"

　　我边跑边哭，苏蓝蓝说："秦佳，我相信你不是那样的人。"

　　我抱着苏蓝蓝的肩膀，我说，我真的把她当朋友啊，为什么她那么讨厌我，我一直以为我们会是很好的朋友。苏蓝蓝摸摸我的头说，还有她在。

我哭得更凶了，我说："苏蓝蓝，我真的不是好人你知道吗？你一直对我那么好可是我一直很讨厌你啊，我真的很讨厌你，我讨厌你喜欢程泽勋，因为，因为我也喜欢他啊……"

泪眼蒙眬中，我看见苏蓝蓝释怀地笑了，她说："秦佳，我早就知道了。"

苏蓝蓝说她早就知道了，她怎么会早就知道了呢？我擦了擦眼泪。苏蓝蓝站在我旁边看天空。

她说她很喜欢程泽勋，所以接近程泽勋的女孩子她都会细细观察，她说我看程泽勋的眼神和看别人的不一样。

苏蓝蓝拍拍我的肩膀说："秦佳，我一直不觉得你是个坏女孩儿，我们都执着一份单纯的喜欢，这没有错。我以前很羡慕你，我羡慕你有优质的长相，羡慕你有温柔的声线，所以我努力让自己也变得更美好。"

原来在我羡慕苏蓝蓝的时候，她也在羡慕我。

苏蓝蓝还说："我没有把你当情敌，如果程泽勋真的喜欢你，我会祝福你们的。"

9

我和秀就此断绝了关系，再不来往。

倒是那天晚上我和苏蓝蓝聊了很多，我们一夜之间变成了更加亲密的姐妹。也是从那以后，我发现苏蓝蓝开始很少跟着程泽勋了。

林嘉北还是一如既往的热情，可是我发现，他看见我和苏蓝蓝玩得很好的时候，微微皱起眉头。有一次林嘉北单独找我谈话，他说："秦佳，我希望你和苏蓝蓝保持距离，我不希望她因为你受到伤害。"我傻掉，说我没有啊。

他还想说些什么却被突然出现的苏蓝蓝打断了，苏蓝蓝说："林嘉北，秦佳是我的好朋友，她怎么可能伤害我。"林嘉北淡淡地看了我一眼说，最好是这样。

苏蓝蓝牵着我的手说别理他，我笑着点点头，心里却愧疚起曾经对苏蓝蓝做的事。

生活就那样不咸不淡地过着，时间缓慢流淌到第二年夏天。

我以为日子就这样，在紧张的学习和偶尔的放松中简单度过，直到高二的暑假，我和苏蓝蓝在奶茶店喝奶茶时，苏蓝蓝接了一个电话。

苏蓝蓝的脸突然就僵硬了，然后马上陷入痛苦之中，我才知道，程泽勋出事了。

我们几乎是疯跑着拦截了计程车去的医院。电话是林嘉北打的，到了医院程泽勋的父母还没到，林嘉北说他是经过一个巷子看见程泽勋的，当时他躺在那里，身上好多处伤痕，不停地流着血，他马上就把他带到医院，现在在抢救。

　　林嘉北说这些的时候我似乎能看到那样的画面，我全身发抖，不停地流眼泪，苏蓝蓝却表现得出奇地镇定，她问林嘉北是否通知了家长，林嘉北摇摇头说程泽勋的手机找不到了，所以他只找了她。

　　苏蓝蓝马上拿出手机拨通了电话讲清了原委，然后安慰流泪的我。她说会没事的。

　　苏蓝蓝抱着我的时候，我发现她抖得比我还厉害。

　　医生说病人已经脱离危险。我的大脑里忽然想到小说里那些狗血的死亡情节，险些昏倒。

　　程泽勋的父母来了以后，我们就走了。天色已经晚了，林嘉北送我们两个回家。

　　一路上我们都很沉默，只有刚才最镇定的苏蓝蓝还在不停地发抖。

　　突然间她蹲在地上，痛哭失声起来。

　　我和林嘉北都蹲下来询问她怎么了。她不停地哭，苏蓝蓝带着哭腔说："我好害怕，我真的好害怕，那个时候，我以为他要死了，我好害怕他死掉，我好害怕他就这样没了。"

　　她的眼泪不停地从眼眶里掉出来，抱着臂膀瑟瑟发抖。

　　起初的失声痛哭变成了号啕大哭，苏蓝蓝仿佛要哭尽她一生的眼泪，她不停地说，不停地发抖，她脸上充满了恐惧痛苦，她哭到没办法从地上站起来。

苏蓝蓝哭了好久好久，林嘉北抱着她，哭累了她便倒在林嘉北怀里睡着了。

　　那一刻，我才知道苏蓝蓝有多喜欢程泽勋。

10

　　程泽勋醒来的那个早晨他的爸爸妈妈不在，苏蓝蓝一直坐在床边紧紧握着程泽勋的手，嘴里一直念叨着："你快点儿醒来。"然后程泽勋就神奇般地醒来了，我们都开心得不行，只有苏蓝蓝没有笑，我看见她转过身，偷偷地抹眼泪。

　　程泽勋说自己也不知道得罪了什么人，去买东西的时候就被拖进巷子里打了，他本是跆拳道高手，但是对方人太多根本抵挡不住。

　　程泽勋看了看苏蓝蓝，笑着说："苏蓝蓝，我没事，看你那红肿的眼睛。"苏蓝蓝揉了揉双眼，走到程泽勋旁边说："还好你没事。"男生心疼地看着女生："对不起，让你担心了。"

　　我突然发现自己不适合待在这里，便默默地退出了房间，坐在走廊的椅子上。

　　林嘉北也从病房里出来，他说："秦佳，其实你对我们一点儿也不了解。"

　　我看他。

林嘉北叹了口气说："你以为苏蓝蓝是高中才喜欢泽勋的吗，那你就错了，我和泽勋还有阿蓝很小的时候就认识了。

"小时候我们三个就是同班同学，又是邻居，所以一直玩得很好。

"苏蓝蓝那么喜欢程泽勋是因为在苏蓝蓝七岁那年她突然发严重的高烧，她的父母又不在家，是泽勋一个人把她背去医院的，当时泽勋也才八岁，比苏蓝蓝高不了多少，用尽全力才把苏蓝蓝带到了医院，结果自己倒下了。

"我那天正好去亲戚家，回来后才知道这一切。苏蓝蓝从小就喜欢泽勋，再加上那一次泽勋救了她，她对他更加喜欢。

"小学四年级时我们都搬家了，三个人都分散到了不一样的地方，直到高一泽勋和阿蓝才又遇见。

"你知道泽勋为什么一直没有接受苏蓝蓝吗？"林嘉北看向我。

"因为泽勋一直把苏蓝蓝当妹妹看，他也一直觉得苏蓝蓝喜欢他只是因为他救了她的命。小时候苏蓝蓝就爱跟着泽勋，我爱跟着苏蓝蓝，结果现在，我们还是如此。"他苦笑。

他说："秦佳，我知道你喜欢泽勋，但你们不合适，我从小就喜欢苏蓝蓝，但我也一直都知道，她喜欢的从来不是我。所以你放弃吧。"

我低着头，没有说话。

11

后来，殴打程泽勋的那帮人被警察抓了，我们才知道幕后主使者是秀，秀说本想教训我但一直找不到机会下手，她知道我喜欢程泽勋，就想拿程泽勋开刀。

李秀说这些话时已经是后悔的神情了，我没有力气责怪，我自责，因为我，程泽勋才受伤了。

苏蓝蓝没有怪我，程泽勋也没有怪我，他们都说我是无辜的。可我却无法原谅我自己。

程泽勋在那段被苏蓝蓝照顾得无微不至的日子里，终于接受了苏蓝蓝。

林嘉北搂着苏蓝蓝的肩膀说："我们还可以是哥们儿哦，阿勋如果你敢欺负阿蓝我就把她抢回来。"苏蓝蓝用手肘捅他说："都让你别叫我阿蓝了，叫我苏蓝蓝。"他们都笑了。

高二的暑假结束得很快，我们又回到学校上课，程泽勋的伤已经在暑假时就痊愈了，他和苏蓝蓝牵着手出现在大家面前时大家都惊讶了。

苏蓝蓝被称为第二个湘原琴子。

而我却一直活在愧疚中，无法自拔，我决定要向苏蓝蓝坦白我曾经对她做过的所有恶毒的事，我想那样我会好受点儿。

苏蓝蓝说："我知道。"程泽勋和林嘉北点点头，异口同声地说"我们也知道。"

我愣住。

苏蓝蓝说："那天我给你递完纸条忽然想起我忘记署名了便赶回去，却发现你拿着字条扔进了垃圾桶。你的衣服不是我拿走的，是秀。"

林嘉北说那天他来看表演，看见我走进人群里，故意让他们打翻饮料弄脏裙子，他看见我哭着对一个女生说对不起，那个女生和我说没关系，他认真看清了那个女生，才发现是阿蓝。于是后来他就转学来了这里。他告诉阿蓝这件事，但她固执地相信我。林嘉北耸耸肩说，阿蓝一直都很白痴，很单纯，容易相信别人。

苏蓝蓝喝了一大杯白开水，说："秦佳，你真的不记得我了？初二的时候我被一群混混儿打劫，是你大喊的救命帮我报的警，那天天黑，我虽然没看清你的脸，但记住了你脖子后的那颗痣，所以一开学的时候，我就认出了你。"

我的眼泪像大雨倾盆，怎么都停不下来，我抱着苏蓝蓝说对不起，她拍拍我的背说，她一直都知道我不是坏女孩儿。

12

后来苏蓝蓝如愿以偿地考上了她梦寐的北方大学，同去的还有程泽勋。而林嘉北选择了靠海的南方大学，他说苏蓝蓝长大了已经不需要他这个骑士了，程泽勋可以把她保护得很好。

苏蓝蓝和程泽勋确定恋爱关系那天苏蓝蓝在电话里小心翼翼地问我："秦佳，你还喜欢泽勋吗？"

我忽然记起林嘉北曾对我说的话：苏蓝蓝很早就喜欢程泽勋了，论时间，你比不上她。

我笑笑说："我有你就好啦。"

末了，苏蓝蓝说："秦佳，你一定会遇到一个很好的人。"

我和苏蓝蓝变成了朋友，苏蓝蓝和程泽勋在一起了，这本是再好不过的结局，我却还是没忍住汹涌的眼泪。

这段青春里，我收获了一个苏蓝蓝，却没有和梦里的人在一起。

这也许是命中注定。

番 外 篇

六岁那年我去海边玩，一个很可爱的女生光着脚丫踩在沙滩上，使劲儿挥动手里的小螃蟹朝不远处的两个穿蓝色背心和黑色背心的男生兴奋地喊："阿勋，阿北，你们看，我抓到螃蟹了。"边说边跑却不小心撞到了我，我和她都摔在了地上。

两个男生跑过来，穿黑色背心的男生跑到我的面前，弯下腰，微笑着伸出手，脸上露出两个浅浅的酒窝。

明晃晃的阳光打在他干净的脸庞上，我眯着眼，好像看见男生的背后长出了两个白色的翅膀，呼啦呼啦地挥着。

我发现，他的眼睛不是黑色的。很久以后，我才知道那是琥珀色。

男生听见蓝色背心的声音就跑开了。

我始终记得，蓝色背心的男生叫他，阿勋。

奉你为女王，所以不亵渎

布　鱼

·

楔　子

和乔乔的第一次见面，我就被打了。她给我的理由是：你很欠揍。

这让我又气又恼，可我只是握紧了拳头后，又像泄气的皮球，撒腿跑了，因为我觉得我好像打不过她。

1.我罩着你

乔乔高高瘦瘦的，从初中起往女生堆里一站就突出大半个头，健康出众的小麦色，还有那隔着操场都能吼得我两腿直哆嗦的大嗓门，简直就是女汉子的不二标配。

说起乔乔，就不得不说说我们的认识，要说我们的认识，那就不得不说说广场舞了。对，你听得没错，就是现在跳出了国门，开始走国际路线的大妈广场舞。

那时候广场舞正在萌芽状态，并以迅雷不及掩耳之势力席卷着祖国大地，而我妈就是广场舞的狂热分子。这是好事啊，娱乐又健身。但马有失蹄，大妈也有闪腰的时候。好在身手矫健的乔乔女汉子路过，活雷锋似的将我妈送回了家。

我爸开门后，我本来是想上前去扶我妈的，可我一眼看见是乔乔，就不由自主地往房门后躲，因为就在上个星期五放学的时候，在小区大门口，她还领着一帮小喽啰一起嘲笑我，笑我长得好白好秀气像个女孩子。

我林枫可是堂堂男子汉，听到别人嘲笑我像女孩子，我当然生气了，可生气又不能当力气使，况且她们人多势众，俗话都说了，好汉不吃眼前亏，于是我扯紧了双肩背包的背带，撒腿就跑了。

这还不算完，我都已经开溜认怂了，她还不准备放过我，还在我身后扯着大嗓门儿喊："喂，跑慢点儿，我不打你了，以后有谁欺负你了，找我，我罩着你！"

我听见一阵哄笑声中，有人在喊"老大，你该不会是——"是什么呢？后面的我没听清楚，因为跑得有点儿远了。

好吧，回到那场由广场舞引发的孽缘。

第二天，我妈逢人必夸老乔家的闺女真懂事。后来好几次，老妈买菜回来的时候又遇到了乔乔，她帮我妈提菜不说还免费送货上门，服务态度真是五颗星，点赞。而之后，老妈但凡煲个什么汤，炖点儿什么东西就喊她来，还教导我说："好东西要与好朋友分享才好。"

吃饱喝足后，乔乔便带着我出去玩，那画面真像《爸爸去哪儿2》里的小大人多多牵着杨阳洋快乐玩耍，除了肤色不像。

她还语重心长地对我说："你呀你，就是因为整天把自己闷在屋子里才会白得像有病一样……"

"你才有病！"我甩开她，大步流星往前走。

她追上来："哎呀，别生气嘛，安静的美少男，我意思是说你应该多出来玩。你别怕，以后，我罩着你！"

她那时候在我们小区可威风了，男生女生都默默地尊她为女大王，走哪儿都会跟着一帮小喽啰，鬼点子也多，好端端的老鹰抓小鸡的游戏都能被她玩成小鸡群殴老鹰。但不变的是，无论什么游戏，她都会全力保护我，看来我妈煲的汤很对她胃口。

就这样，一段葡萄苗般的梁子就这么结下了，直到现在长成了枝繁叶茂的葡萄架。

2.她在我眼里是乔大爷

和乔乔玩到一起后，她每天上学都会准时按响我家的门铃，从初中到高中，简直比公鸡打鸣还准时，妈妈再也不用担心我上课迟到了。

叮咚。开门即是乔乔的轰炸："快点儿啦，磨磨蹭蹭的，还要去吃早饭呢……"

如果是往常我一定火速收拾好，出门，蹬自行车，和她一起飞奔，买早饭。可是今天，我动作有点儿迟缓，因为我不知道该怎么跟她说我昨天想了一晚上的事情，更怕她又嘲笑我。

"三个肉包子一杯牛奶，一个肉包一个菜包一杯牛奶，分开装。"

付完钱又立马钻进旁边的小超市，买了一大包她最爱的奥利奥，估计够她吃一个月的了。

"说吧，贿赂我干啥？"她说着满心欢喜地收下了奥利奥。

"呃，今天年级广播体操比赛完了以后，我们班和你们班有一场篮球比赛，我希望……"我话还没说完，就被打断了。

"哎呀，放心好了，就算是跟我们班比赛，我也会站在你这边的。"

“那，那，那能不能也喊上你们班的苏晨。”

“哦！”她说完就蹬自行车，跑了。

我以为乔乔会像往常一样，豪爽地拍拍胸脯说包在我身上之类的话，再不济就是往死里嘲笑我一番然后答应。可她只是“哦”了一声后，死劲蹬自行车，然后把我甩在了后面。

这算是默认了吗，还是在无声抗议我的请求高难度？

也对，像苏晨那种安静得像本书的女生，十有八九是不会去看喧闹的篮球比赛的，这项任务是有点儿高难度。

但篮球可是我唯一的强项，我真的超级希望我在意的苏晨可以看见我扣篮时候的潇洒模样。可是我这人吧，说文艺点儿是性格内敛只能在熟悉的人面前滔滔不绝废话连篇，说白话点儿就是闷骚，一跟女生讲话就脸红结巴腿哆嗦，当然乔乔是个例外，她在我眼里就是乔大爷。

据说，两个人之所以能够成为朋友要么是臭味相投要么是互补，而我跟乔乔就是典型的互补。所以我只能寄希望于从小就鬼点子多多的乔大爷了，她一定能说服苏晨去看我的比赛的，我坚信。

3.苏晨

苏晨是我们隔壁班的班花，每当她走过我们班教室门口，我们班那帮男生便互相安慰着并且抱怨着：“为什么漂亮的女生总在隔壁班。"

我们那帮男生喜欢苏晨的办法各有各的不同，蜡烛玫瑰花什么的早就是几百年前的事情了，发长条微博煽情示爱的更是见怪不怪了。

最近比较轰动的就是我们班班长李烨也拜倒在了隔壁班班花的石榴裙下，写了几百首情诗后，还自费出版弄成了一本像模像样的诗集，号称是世界上独一无二的诗集，这倒是投其所好，点子不错，可关键是人家认死理无功不受禄，最后还是没收下。

从乔乔嘴里听到这件事的时候，我张大了嘴巴难以置信，嘴上说着："李烨长得还行啊，成绩又好，她难道还不喜欢？"可心里其实还是有一丝丝的窃喜。

虽然和他们喜欢苏晨的方式相比，我的暗恋显得太苍白了。可至少，苏晨一天没有被谁抢走，那就说明我还有机会。

4.她终究也是女孩子，也需要赞美和鲜花

年级广播体操比赛如期进行，我却心不在焉，想着下午的篮球比赛我最在意的苏晨会不会去，一不小心就踩住了旁边一个女生散开的鞋带。

"啊！"女生摔倒的同时还扑倒了前面的女生，真是祸不单行，大家一边扶起摔倒的女生一边恶狠狠地瞪

着我，尤其是班长，眼神里仿佛在说"待会再跟你算总账"。

"现在开始做第八套广播体操，原地踏步走……"音乐已近开始了，我们班才从混乱中整顿好，重新放音乐是不可能的，因为进场秩序环节也算分的。班长只好临时下令，"跳过原地踏步，直接开始做操"，很显然，这不在大家的排练中，有点儿慌张，

"第一节，伸展运动，1234，2234……完……"

一下台，狂轰滥炸的数落便如台风般向我袭来，"林枫，你搞什么鬼，你真是我们班的祸害！"刚才被我踩到鞋带的女生脸气得通红。

我低着头坐在一边，态度虔诚，像良心发现的罪人，伏法认罪。

"平时爱自己玩自己的就算了，关键时刻还一点儿集体荣誉都没有，现在就因为你一个人，倒数第一了！"我的头低得更低了，班长还在继续说，"以为自己会打篮球就了不起了，自以为是……"

"他也不想啊！"是乔乔，我猛地抬头，像一棵找不到北的向日葵终于找到了太阳的方向。

"喂，我们班的事跟你没关系！"

"是没太大关系，可他是我哥们儿，再说了，马都能弄丢蹄子，那人犯个错也是情有可原滴！"

"哈哈哈，乔乔，你真跟传说中的一样——蠢！哈哈

哈……"乔乔版的"马有失蹄"也算是绝了，全班哄笑。

我是真的有喊"班长快逃"的，无奈笑声太大，被湮没了。哎，那句老话怎么说来着，"命里有时终须有"，班长这一顿胖揍，横竖是没有躲过了，拉都拉不住。

最后的结果可想而知，"班长被女汉子胖揍"的火爆消息横扫了学校贴吧、微博……

在政教处交完检讨出来罚站的时候，我发自肺腑地对乔乔说了声："抱歉，连累你了！"

"嗨，这有什么的，我说了会罩着你的嘛！"

"谢谢。"

"喂，你不煽情我们还可以做朋友！"

"好，乔大爷！"

"唉，告诉你吧，"乔乔坏笑道，"其实我知道'马有失蹄'不是马把自己蹄子都搞丢了，我只是想逗他们笑笑让他们不要那么紧张罢了，可他出口伤人，活该！欠揍！"

"喂，乔乔。"我转过头看着她。

"怎么了！"她转过头来眨巴着眼很认真地看着我。

"我发现你其实挺可爱的！"

"嘿嘿，有吗！"她竟然不好意思地低头了，脸红了。

"当然！"

第一次发现原来乔乔也会脸红，以前在一起玩的时候，除了损人家还是损人家，却忘了，再怎么爷们儿的女汉子，她终究也是女孩子，也需要赞美和鲜花。

5.暗恋是一个人想两个人的故事

那天下午的篮球比赛正常进行，而我也从那以后被剔除了篮球队。

不知道那天下午的篮球比赛我在意的苏晨有没有去看，反正我和乔乔是没有去看的，因为我们在走廊罚站。

有人说，暗恋是一个人想两个人的故事，说这话的人一定也是和我一样，明明是胆小却偏说成是默默喜欢。而我终于搞明白这个道理的时候，时间已经过去了两年。

在起得比鸡早睡得比猪少忙得比狗累的高三，我竟然还是有大把大把的时间去偷偷观察隔壁班的苏晨，打羽毛球的苏晨可爱，写作业的苏晨认真，给其他同学讲习题的苏晨热心，在窗边跟其他女生嬉闹的苏晨活泼……然后，组成一个独一无二的苏晨，让我着迷，可是我胆子小，不好意思说出口。

我以为我不跟人说就能死守秘密了。可没想到，在高三的情人节夜晚，乔乔在学校大门口拦住我，塞给我一大捧玫瑰花，说："去吧，不要让自己有遗憾。"

我不知道说什么，愣在原地，身后有轰隆隆的烟花爆炸的声音。

"还愣着干什么？我早就知道你喜欢苏晨了，对不对？"没等我回答，乔乔就拖着我往回走，"她现在应该还在教室，我帮你约好了。"

乔乔拖着我往教室走，就在楼梯转角的地方，李烨牵着苏晨正要往下走。

你看，他们多般配。

"我喜欢你，喜欢你很久了。"我转身，举着花对着乔乔说，我真正想表白的女生却被人牵着手和我擦肩而过，不知道有没有听见我的告白。

等脚步声渐渐小了远了，乔乔低下了头："对不起，我不知道半路杀出了李烨。"

"不，是我自己太胆小，谢谢你。"

6.你活该

有时候日子过得像唱歌一样快，有时候日子过得像做数学习题一样慢。

最开始，我以为无论是哪个男生追到了我最在意的苏晨，我都会难过或者心痛什么的，可是，我竟然出奇的平静，没有一丝波澜。

我依旧和乔乔混在一起，她怕我想不开，依旧喊我上学，陪我去食堂吃饭，抢光我妈给我煲的大补汤，还说什么要把零花钱存下来，等高考后买花裙子，华丽转型，于是借我的资料书，拿我的笔，抢我的草稿纸，惹得我追了她几层楼才抢回几张草稿纸。

这样假装没心没肺的日子，竟然也过得像唱歌一样快，一晃，高考来临，来了又去。

我们的班级聚餐，我高中在意了整整三年的苏晨也来了，名分是我们班的"班长夫人"，乔乔也跟过去了，名分不详。

吃完饭，照例是K歌。我躲在角落里，看着自己偷偷关注了三年之久的苏晨，她现在和李烨牵着手，甜蜜得不行，而我也没有想象中的难过，只剩下祝福。

乔乔却在这时候，不合时宜地找李烨拼酒，说什么，为了报当初在操场上被取笑的仇，好在乔乔现在和苏晨关系不赖，李烨不但没有翻脸，而是很爽快地答应了。

李烨哪里是乔乔的对手，两杯下肚就摆手示弱，捂着胸口说难受。

"不行！再来！"乔乔不肯罢休。

苏晨的眼里却满是心疼，连忙帮李烨轻轻拍着背。

"够了！"我抓住乔乔的胳膊，她挣扎，这是我第一次这样大声吼她，她红着眼看我，又猛地甩开胳膊，跑了。

我追出去，她却没由来地吼了一句："你活该！"

是的，我活该，喜欢一个人整整三年，却从来也不敢跟人家说一句话，偷偷地看，偷偷地想，活该没有结果。

可事实上，就算我告诉了苏晨我总是偷偷关注她又能怎么样呢，我好像并没有想过有一天能和苏晨有什么结果，我只是看看，像欣赏路边的蔷薇一样。

这欣赏，倒不如乔乔整天在我耳边的吵闹来得真实。

7.无关爱情

送乔乔回家后，我在她家楼下站了很久。我想，如果不是乔乔的出现，也许我还是一个孤僻的少年，爱一个人躲在屋子里自娱自乐。

正准备走，却听见乔乔扯着她那隔着操场都能吼得我两腿直哆嗦的大嗓门儿喊："林枫。"我回头，她却躲进了窗帘里。

手机响了，她发来信息：对不起，我不想再继续骗自己了，我喜欢你。

我喜欢你。我也喜欢你。

我喜欢你。可是我不喜欢你。

我和乔乔不是第一种也不是第二种。

在很长一段时间里，她像女王一般罩着我，让我知道童年的乐趣除了躲在自己的小房间里看故事书外，还可以跟在她后面威风八面。但最初，我其实是很怕她的，第一次见面就被她打怕了，第二次见到了撒腿就跑，可是，后来无意中发现热心肠的她其实也很善良，玩到一起后，又发现大大咧咧的她也会心思细腻地处处保护我。

可是，这样的感情，我怎么都无法与喜欢和爱联系在一起。

我回给她：奉你为女王，所以不亵渎。

你是我唱给自己听的歌

糖包子

1

小巷的一角，唐小忧被一个比她还高出两个头的少年拦住了去路。她从来没有想过当自己退出"江湖"N年之后竟然还能有人认出她，而且是在这样的情况下：头发乱蓬蓬不说，脚下穿的还是双人字拖。因为今天是周末，她还特别随意地套了一条花花绿绿的大短裤。最最关键的是，她的手上还挂着一瓶刚刚打好的酱油！

"女神，你能给我签个名么？我可是你最最忠实的粉丝啊！"

唐小忧绝对没有怀疑他忠实程度的意思，因为连她自己都很难把现在的她与往日星光璀璨的模样联系起来，能认出她的人绝对是枚真爱粉。但是，那么没形象的她实在是没脸承认自己就是那个七岁出道、八岁拍电影、九岁就出唱片的童星唐小忧啊！唐小忧觉得现实让她很忧伤。

"这位同学，你认错人了，我真的不是……"

"你是，你就是我的偶像唐小忧！"

忠实粉丝一脸认真崇拜加笃定的表情，最终唐小忧还是没能说完那些否认的话。算了，反正形象这东西要丢也早丢光了。于是唐小忧随手蘸了点儿酱油，手指一挥就在少年白净的T恤上签下了自己的大名，虽然……怎么看都觉得有点儿丑的样子。

但很显然，粉丝少年没有流露出哪怕一丝一毫的嫌弃，反而激动得冲上前一把抱住了唐小忧。唐小忧差点儿直接被扑倒，如果不是她死命硬撑着，那瓶新打的酱油绝对难逃魂飞魄散的命运。

回到家后，唐妈妈嗔怪唐小忧拖拖拉拉，买瓶酱油都要那么久。唐小忧笑了笑，没有告诉她路上遇到粉丝的事，只是一个人进了卧室。

她找出了以前所有的录像，然后依次看了一遍。屏幕上的唐小忧还很小，软萌软萌的，特别可爱。她想，那大概是她这一生中最臭美的时光了。每天都穿得跟公主一样，每一个造型都由设计师精心设计，而且时不时还能跟着很多漂亮的大哥哥大姐姐飞来飞去，那种感觉即使是现在回想起来，也让她觉着拽得二五八万。

2

　　唐小忧从来没有想过与忠实粉的再次相遇会来得如此之快,她只觉得走着走着,眼前突然有一片阴影落了下来,一抬头……

　　"嗨,女神忧,我们又见面了,真巧!"

　　唐小忧只想说"巧个毛线啊",为了避开他,她可是特意另选了一条路!而且是特别臭烘烘的一条路啊!

　　粉丝少年没有注意唐小忧的表情变化,只是惋惜地看着她说:"昨天好仓促哦,我都还没来得及做自我介绍你就走了,不过幸好今天又撞见你了!"充满千古遗恨的面部表情立刻多云转晴,"我叫周肆存,性别男,是刚搬到这边的住户,而且我可是你的万年忠实粉哦!"

　　唐小忧撇了撇嘴,黑着脸问了一句:"你能说说在那么嘈杂喧闹的人流中你是怎么认出我的吗?"

　　周肆存笑眯眯地摸了摸脑袋:"很简单啊,因为你穿了和昨天一模一样的大花短裤!"

　　"……"

　　大花短裤什么的真是够了,唐小忧被这句话彻底秒杀,很有一种死一死再回来的冲动。一句话没多说,她立刻提着大花短裤迅速跑远。跑着跑着,她突然防备地回过头瞄了一眼,然后就看见周肆存依旧是一脸笑意地站在远处冲她摆手，末了还友情附加了一句："女神忧，爱你哟！"

"……"

唉，粉丝太多真的是好困扰啊！唐小忧思考了一下，难不成改天她也要戴个墨镜、帽子、口罩三件套出门？

3

"小忧，你知道吗？咱们班今天来了一个又高又帅的转学生哎！"刚一进教室，同桌蔡绵绵就一脸惊喜地冲着唐小忧大叫。

唐小忧放下书包，无奈地撇了撇嘴："可是他高他的，个子又不会长到我身上，而且他越帅，就越显得我们长得寒碜啊！"

蔡绵绵用手指摆出黑线的样子，无语地摇了摇头说："小忧，你真是……"最后一时没找到合适的词汇，她干脆长长地"唉"了一声做个总结。

其实唐小忧觉得倒不是她没情趣，实在是因为她年幼的时候见过了太多皇冠级的帅哥美女，免疫力早就达到了刀枪不入的地步。

想了想，她又语重心长地对蔡绵绵说："绵绵，我觉得吧，帅哥什么的都是虚的，看人要看内在！"

而就在此刻，她的话音还未全落，传说中的帅哥已经由班主任领着出现在了门口。全班同学都憋着笑一脸便秘地注意着剧情的发展，唐小忧几乎要捂着脸敲碎这万恶的地板往下钻。

可是，她还是晚了。下一秒，周肆存就潇洒地冲着唐小忧喊道："小忧，我和你一个班了呢！"

唐小忧在同学们想看好戏却突然被好戏惊吓到的小眼神中抬起头，弱弱地回应道："是啊，怎么就一个班了呢……"

鉴于周肆存在这个新班级只认识唐小忧一个人，所以班主任把他安排到了唐小忧的后桌。

接收到全班女生各种羡慕嫉妒恨的目光，唐小忧只想说："好你个周肆存，姐姐我记住你了！"

4

这之后，周肆存算是彻底赖上自己的偶像唐小忧了。他对唐小忧"如火如荼"的热情让唐小忧颇有些吃不消。为了让周肆存闭上那张大嘴巴别再叫她女神忧，并且替她保守自己曾经是个童星的秘密，唐小忧花了整整三根冰棍的钱！

好在这次大出血终于换回了得之不易的宁静，唐小忧一脸肉疼地想。

"可是，为什么呢？"周肆存的脑回路终于在某个午后又重新回到了原点。

唐小忧赶紧一个犀利的小眼神瞪回去，周肆存就立马噤声了。但他还是不大明白，对他而言，童星这样的身份明明是一种骄傲呀！

实在是被周肆存这种莫名其妙的眼神打量得太久，唐小忧又陷入了满脸黑线的无奈中。强忍住对忠实粉丝发飙的冲动，她缓了缓语气解释道："我这叫低调，低调你懂么？"

"哦，原来是这样！"周肆存的目光瞬间激荡起对唐小忧的仰慕与崇拜，"女神忧，原来你是那么有内涵的一个人啊！"

"……"

唉，内涵什么的，不解释！

5

每天一起上学一起回家，周肆存跟唐小忧逐渐成了全班同学的心目中"最亲密红颜蓝颜"的典范，但这其中的辛酸史大概只有唐小忧一个人知道。每天出门的时候，她都要接受一次"半路杀出个周肆存"或者"天上掉下个周肆存"的惊吓，至于放学，她倒是想一个人走啊，可是——

"小忧，今天我值日，你要等我哟！"

念伊人

"你都那么大了，又不会迷路，干吗非要和我一起回家？"唐小忧不情不愿地嘀咕了几句，默默地放下了书包。

和周肆存相处久了，唐小忧对他已经没有像以前那么排斥，除了偶尔抽会儿疯缠着她以外，整体看上去还算是个良民。更何况她值日的时候他都会心甘情愿地在边上看会儿书，换成相同的情况，她也不大好意思拒绝。

周肆存在一堆扫把中抬起头，冲唐小忧笑了笑，"才不是呢！我和你一起回家是为了保护你啊！"

唐小忧无语地白了他一眼，"这青天白日朗朗乾坤，我有什么好保护的？"但是心里的某一角，确实因为这句话而产生了一种暖暖的感觉。

周肆存继续说："明星不是都该有保镖吗？虽然你现在已经不是了，但是在我心目中，你还是原来那个美丽的小公主唐小忧！所以，现在，我就是你的保镖！"

唐小忧一愣，刚想破口大骂他不守信用，周肆存已经先一步解释道："放心吧，我已经看过了，教室就剩我们两个了，不会有人听到的。"

唐小忧这才松了一口气。她是真的不大想让别人知道她的过去，因为过去越光鲜亮丽，就越对比出现在的惨淡，她不知道同学们知道了这件事后会用什么样的心态来揣摩她打量她。毕竟经历过一些事情，唐小忧比很多同龄人都要成熟得多，想得也就多一些了。

"小忧酱，你不开心吗？"周肆存注意到了唐小忧的异样，走过来用一只手搭在了唐小忧的肩上。

唐小忧摇摇头，随即摆出一副若无其事的样子："没有哇，你打扫好了吗？好了我们就回家吧！"

"嗯。"周肆存若有所思地应着。

6

貌似自从上回周肆存放出豪言说要保护唐小忧之后，唐小忧对周肆存的印象就彻底改观，真真正正地把他从忠实粉归到了朋友这一档。偶尔地，她也会想起一些以前的事情，尤其是当周肆存那么支持她的时候，她的大脑就会自动跳转到曾经那些不太让人愉快的画面。有些秘密她很想和周肆存分享，可是又怕他对她失望，最终还是选择了隐瞒。

某天放学的时候，周肆存突然拉住了唐小忧："小忧酱，我想听你唱歌！"

唐小忧愣了愣，这似乎还是周肆存第一次提出这样的要求，她眯着眼打哈哈一笑带过："那你回去翻唱片吧！"

周肆存一脸失望地撇了撇嘴。

后来周肆存又前前后后提了几次，都被唐小忧一一婉拒了。

但是周肆存是个什么样的存在呢？他绝对是个不达目的绝不罢休并且任你怎么打骂都死不了的小强！

所以这一天，当周肆存摆出招牌卖萌十八式的时候，唐小忧连一掌拍飞他的力气都没了。

"小忧酱，我想听听你现在的声音啊！"

唐小忧有气无力地嘟囔道："合着我现在说话发出的不是声音啊？你当我死的吗？"

周肆存摇头："你明知道我不是这意思。"

这家伙绝对是世上最难缠的粉丝，幸好自己晚认识他那么多年，唐小忧在无语凝噎中好歹理智地认清了这一点现实。

"你真的很想听么？"

"嗯！"周肆存满脸期待地点了点头。

"那……那我就给你唱一首好了。"

于是，唐小忧认认真真地给他唱了一首《爱情买卖》，整个节奏和旋律在唐小忧的自由发挥下堪称"龙飞凤舞"。等唐小忧一首歌唱完，周肆存已经完全处于惊呆了的状态。唐小忧用手在周肆存的眼前晃了好久，周肆存才从目瞪口呆中回过神，瞬间捧腹大笑乐得死去活来："哈哈哈哈哈哈哈，笑死我了，小忧酱你能好好唱吗？啊哈哈哈哈！"

"啊哈哈哈哈哈哈……"唐小忧也跟着他一起笑，笑得眼泪都出来了。

"小忧你一定是在逗我玩，啊哈哈哈哈……"

唐小忧没有回答，心说，笑吧笑吧，就当我是在逗你玩的好了。

但其实……

这真的已经是她的最高水准。

每一句，她都很用心地在唱呢！

7

在周肆存这个强力催化剂的作用下，唐小忧终于无可避免地想起了小时候。事实上在他这个神奇的存在到来之前，唐小忧以为自己早就把那一段说多了都是泪的狗血辛酸史抛在脑后了。

她还记得她刚出道的时候就接了一部比较好的片子，所以红得还挺快。一旦红了，那些什么广告啊、红地毯啊就接踵而至，就连某些开幕仪式都会找她去镇个小场子。不过，她之所以被星探发现，实际上是因为她的唱功，电影什么的无非是为了唱片做噱头。所以，九岁那年，她就顺利地出了自己的第一张唱片，这在当时的娱乐圈还引起了一场不小的轰动。为此，她臭美了好长一段时间。

但是，在录制第二张专辑的时候，为了拍好MV其中一场淋雨的戏，她一不小心就被淋到了发烧。而且本来她就属于体弱多病的体质，这一烧就耽误了好久好久。

念伊人

公司因为有很多事情要考虑，整个剧组也不能为她一个人一直拖着，即使有替身演员，也不可能替掉全部，所以她在还没痊愈的情况下就带病重新参与了拍摄。用现在的话来形容，这明摆着是作死的节奏。

果不其然，她把自己耍成了肺炎，而且是特别严重的那种。再加上原先一直在练歌，嗓子使用过度，声带受了损，那会儿她有好长一段时间都不能开口讲话。这样的一个综合结果就是她再也不能愉快地歌唱了，一个高音上不去，低音下不来的歌手，还能当歌手么？

接下来的事情发展都十分狗血，由于给公司造成了巨大损失，她被解约了。

"所以，我是没有利用价值了么？"当时，小小的她那样问道。

老总叔叔根本就不屑回答这样一个简单愚蠢又粗暴的问题，因为被拂了面子，气得差点儿扇她一个耳光。曾经无微不至的漂亮哥哥漂亮姐姐没有一个人帮她说话，那些原本还温热的怀抱瞬间都成了透心凉，唐小忧觉得她幼小的心灵受到了创伤。

于是，从那时起，唐小忧就再也没有参与过任何与表演有关的活动了，尤其是唱歌，那成了她永远的噩梦。

8

时间默默地过得超快，不知不觉地，唐小忧竟然已经被周肆存骚扰了半个多学期。其实如果不仔细去计较的话，她对他的神烦气质似乎也有了很强的抵抗力。

"小忧，你难道不觉得我的存在让你的生活更加精彩吗？"

唐小忧无语地摇了摇头，刚想损他一句，同桌蔡绵绵又开始一惊一乍："哇哦，下个星期就是文艺节了！"

"文艺节？"周肆存疑惑地问。

蔡绵绵解释道："文艺节的官方说法呢是各个班级派出自己班的代表上去展示才艺，但对我们平民来说，这就是一个看帅哥美女的最佳时机了。找都不用找，上场的全是精英啊！"蔡绵绵越说越激动，"哎，我跟你说，到时候我的男神也会上场哦！"

周肆存撇了撇嘴，用十分骄傲的语气说道："我的女神是唐小忧！"

蔡绵绵嫌弃地看了周肆存一眼，彻底无语，最后转过头只管自己写作业去了。

回家的路上，周肆存问："小忧，你会参加文艺节吗？"

唐小忧怔住，脸色一下子就暗了下来，不咸不淡地应

念伊人

211

道："我没兴趣。"说完她又连忙掩饰道："哎呀呀，都和你说了我很低调的嘛！"

"哦，这样啊……"周肆存想了想，莞尔一笑，心里默默地打起了小算盘。

他家小忧真是太低调了，他得做些什么才行。

9

于是，几天之后——

"小忧，今年我们班出的节目竟然是由你上去独唱哎！你有这一手我竟然都不知道！"蔡绵绵哀怨地把目光投向唐小忧。

唐小忧听了，瞬间惊呆，怪不得昨天周肆存那小子神秘兮兮地告诉她说会给她一个惊喜。这哪里是惊喜啊？是有惊无喜才对！

这回唐小忧是真的火了，某个小宇宙彻底爆发开。体育课还没下课，她就拉着周肆存离开了操场。

"周肆存，我有说过你能替我做决定么？文艺节的表演要去你去，反正我不去！"

"小忧，我……"

唐小忧不想听他解释，甩下一句："你知道吗，有时候你真的是神烦！"

这貌似还是唐小忧第一次正儿八经地冲周肆存发火，

对周肆存说重话，还没等周肆存反应过来，唐小忧就扭头跑远了，只留周肆存一个人愣愣地站在原地。

其实他只是想让唐小忧重新找回自己，仅此而已啊……

整整一个下午，唐小忧都没和周肆存说过一句话。放学铃一打响，她就背上书包自己走了。走着走着，眼泪就稀里哗啦地流了下来。

混蛋，她都好久没哭过了，都怪这个没事找事的大笨蛋周肆存！太过分了！

10

唐小忧确实弃演了，至少在轮到他们班的节目上场之前，她根本就没有去会场。

可是，不去真的行吗？

左心房的小人和右心房的小人不停地打架，饱受道德谴责的唐小忧给自己催眠了N次，还是觉得自己这样做太不负责任太不道德了。最终，她还是决定去看一眼，如果实在没办法，大不了她就上去出丑好了。最坏也不过是上一次校园BBS笑料榜而已，who怕who？

但是，紧赶慢赶，她还是去晚了。唐小忧到达会场的时候，主持人正好报的就是他们班的节目——

"接下来有请三年八班的周肆存为我们带来刘若英的

《继续》，让我们相信自己，一起继续走下去！"

怎么会是他？唐小忧惊讶地用手捂住了自己的嘴巴。完蛋了完蛋了，这家伙一定是看她不来就上去代替她出丑了！唐小忧一下子就急了，他明明对她那么好，她还跑去骂了他，现在又让他收拾这个烂摊子，原来到头来还是她坑了他……

唐小忧正担心着，不知道该怎么救场，悠扬的伴奏声已经响起。几秒钟之后，一个轻轻浅浅的男声也紧接着轻吟浅唱出声。

> 知道吗我总是惦记
>
> 十五岁不快乐的你
>
> 我多想把哭泣的你
>
> 搂进我怀里
>
> ……
>
> 我们都不要放弃都别说灰心
>
> 永远听从刻在心中那些声音
>
> 感觉累了的时候请你把我的手握紧
>
> ……
>
> 继续走下去继续往前进
>
> 路旁有花心中有歌天上有星
>
> 我们要去的那里一定有最美丽的风景
>
> ……

原来他唱歌这么好听，哪里还需要她自作多情去救场呢？

这一段唱完后，全场掌声雷动，气氛是前所未有的火热。只有唐小忧一个人愣愣地站在原地，好久没有回过神。

"哎呀，你还愣着干吗？"正这时，蔡绵绵眼尖看到了唐小忧，赶紧把手中用班费买的花束递了过来，"快去快去，我知道你和周肆存闹矛盾了，看你那么温婉知性弱柳扶风，一定是那家伙的错！但是你看人家都为你献歌了，你的气该消了哈！"

蔡绵绵一边说着，一边就把唐小忧往舞台的方向推，心道，多好的机会呀。最终，傻愣傻愣的唐小忧无可避免地站在了人群的最前端。她在舞台上周肆存期待的目光中一步一步地踏上了台阶，然后把花塞到了周肆存的怀里。

因为正好是间奏，周肆存接过花束后干脆关掉了麦，用只有她听得到的声音对她说："我已经从你妈妈那里了解到了情况，对不起，这次是我的错，我向你赔罪。但是，小忧，如果你以后不能再唱了，那么就由我来唱给你听吧！"

他的话还没说完，唐小忧的眼泪很不争气地流了下来，鼓着脸辩驳道："什么不能再唱啊，我不是还会唱《爱情买卖》吗？"

周肆存一脸无辜地笑了。

唐小忧恼怒地瞪着他，用眼神无声地传递着潜台词——

笑什么笑呀？还有哇，一个粉丝唱歌都比偶像好，这让偶像的面子往哪里放啊？

太丢人了啊！

11

经过这一连串事情，唐小忧和周肆存之间终于不再有芥蒂。

周肆存对唐小忧说，他又不是"脑残粉"，对她的兴趣只限于唱歌。

唐小忧觑他一眼，撇撇嘴问了一句："那你是什么？"

半秒钟后，她就听见周肆存很厚脸皮地回答道："我是你的真爱粉啊！"

唐小忧掸了掸身上的鸡皮疙瘩，黑着脸走开了。

周肆存一直没有讲过为什么他对唐小忧那么忠实，直到很后来的有一天，他才红着脸问唐小忧："小忧，你还记不记得你以前接过一个很小的短片，大致剧情就是小女孩儿和小男孩儿……"

生怕唐小忧回忆不起来，他把那时候他如何成为跑龙套的所有细节都描绘了一遍。当然，其中不乏N多润色的成分。

　　唐小忧听后，这才恍然大悟："哦！原来你就是那个在片场尿了裤子的家伙啊！啊哈哈哈哈！"

　　这个跌宕起伏的笑声果然是对当年跑龙套的最佳补刀，周肆存的脸一下子黑了下来。

　　他那时不是因为见到了自己的偶像太激动了么！而且他当时才九岁，尿裤子也还可以原谅吧？

　　九岁尿裤子……

　　这……

　　勉强还是可以忍忍的！